W0056667

Aljoscha A. Schwarz
Ronald P. Schweppe

Anleitung zum Philosophieren

Aljoscha A. Schwarz
Ronald P. Schweppe

Anleitung zum Philosophieren

Selber denken leicht gemacht

Herbig

Aljoscha A. Schwarz, geboren 1961, ist Diplom-Psychologe, Philosoph und Buchautor. Seine Schwerpunkte liegen in NLP, Neurophilosophie und Gehirnforschung.

Ronald P. Schweppe, geboren 1962, ist Autor, Lebensberater und Orchestermusiker. Er befasst sich seit vielen Jahren mit östlichen Philosophien.
Beide Autoren leben in München und schreiben erfolgreiche Bücher, die bislang in zwölf Sprachen übersetzt wurden. Bei Herbig sind erschienen: »Vom Inneren Wohlstand« und »Die philosophische Hausapotheke«.

Besuchen Sie uns im Internet unter:
http://www.herbig-verlag.de

1. Auflage 2002
2. Auflage 2004 – Sonderproduktion

© 2002 F. A. Herbig Verlagsbuchhandlung GmbH,
München
Alle Rechte vorbehalten
Schutzumschlaggestaltung: Wolfgang Heinzel
Umschlagbild: Felix Weinold, Schwabmünchen
Satz und Herstellung: Dr. Doris Hagen
Gesetzt aus: 11/13,3 pt. Bauer Bodoni
Druck: Jos. C. Huber KG, Garching
Binden: Thomas Buchbinderei, Augsburg
Printed in Germany
ISBN 3-7766-2274-1

Inhalt

Grau ist alle Theorie …

»Grau ist alle Theorie« – und ebenso auch jede Philosophie, die uns zwar mit gewaltigen Gedankengebäuden beeindrucken will, uns aber nur wenig bei der Bewältigung alltäglicher Situationen hilft und nicht zu einer Veränderung unserer »Denkroutine« führt. Grau ist vor allem jene Philosophie, die lustlos ist und keinen Spaß macht!

Was bringt es uns ein, respektlos zu sein? Wer war Aristoteles, wer Sir Karl Popper und wer Lao Tse? Wie können wir Wahrheit erkennen – und gibt es sie überhaupt? Ist es manchmal besser, pessimistisch an die Dinge heranzugehen? Was ist dieses »Ich«, mit dem wir es Tag für Tag und ein Leben lang zu tun haben, und was sagten die Philosophen darüber?

Diesen und weiteren Fragen werden wir nachgehen, und während wir fragen und hören, was westliche und östliche Philosophen gedacht und getan haben, und dabei auch einmal neue, ungewohnte Perspektiven einnehmen, wird sich unser Bild von der Welt verändern, bunter und reicher werden und ein neues Licht auf unser eigenes Leben werfen – und mitunter kann es dabei sogar recht spannend und manchmal auch lustig werden.

Eine Grundvoraussetzung für alles Philosophieren ist die »Lust am Zweifeln« und das In-Frage-Stellen. Lassen Sie sich also von den Ausführungen der Philosophen (und der Autoren) ruhig anregen, doch haben Sie auch den Mut, alles in Frage zu stellen, eventuell zu verwerfen und Ihren eigenen Gedanken immer genug Spielraum zu geben. Selber Denken macht nämlich viel mehr Spaß, als gemeinhin angenommen wird!

Nur so wird die Philosophie wieder zu dem, was sie ursprünglich war: Freude am Denken, Liebe zur Weisheit und die Lust, andere mit dieser Freude und Liebe anzustecken, ohne dabei in die Fallen der scheinbaren Selbstverständlichkeiten oder der Besserwisserei zu tappen.

Aljoscha A. Schwarz, Ronald P. Schweppe

Wozu philosophieren?

»Ei, bin ich darum achtzig Jahre alt geworden,
dass ich immer dasselbe denken soll?
Ich strebe vielmehr, täglich etwas anderes,
Neues zu denken, um nicht langweilig zu werden.
Man muss sich immerfort verändern, erneuern, verjüngen,
um nicht zu verstocken.«
(J. W. v. Goethe)

Mit der Philosophie ist es so eine Sache. Sie hat angeblich etwas mit Weisheit zu tun, aber was sollen wir mit dem, was Philosophen so von sich geben, eigentlich anfangen? Ist Philosophie auch irgendwie »nützlich«? Was genau ist eigentlich Philosophie?

Vielleicht sehen wir uns erst einmal an, wo das Wort herkommt. Natürlich, Sie werden's schon erraten haben: Das Wort stammt aus dem alten Griechenland und ist ungefähr 2600 Jahre alt. *Pythagoras* – vielleicht erinnern Sie sich mit Grausen an die Mathematikstunden Ihrer Schulzeit – war ein Mathematiker und großer Denker dieser Zeit. Seine Mitbürger nannten ihn ehrfürchtig »den Weisen«, auf Griechisch *sophos*. Das war ihm nun aber gar nicht recht; er wollte nicht als Weiser bezeichnet werden; dafür hatte er zu viel Ehrfurcht vor dem großen Wort »Weisheit«. Wer ist schon weise? Aber immerhin war er ein Freund (griechisch *philos*) der Weisheit (*sophia*) – eben ein *Philosoph*.

Also: Ein Philosoph ist jemand, der die Weisheit liebt oder ihr zumindest freundschaftlich gegenübersteht – nicht etwa jemand, der sie »hat«! Jeder kann also ein Philosoph sein. Einen Professorentitel braucht es dazu gewiss nicht.

Wenn man sich nun die Schriften berühmter Philosophen ansieht, fragt man sich schon manchmal: »Was soll denn daran weise sein?« Da liest man zum Beispiel: »Sofern das Sein das Gefragte ausmacht, und Sein besagt Sein von Seiendem, ergibt sich als das Befragte der Seinsfrage das Seiende selbst.« Aha. Oder: »Das thetische Gewissen beruht auf dem ›für sich‹, welches das ›in sich‹ verneint.« Wer hätte das gedacht!

Derlei Kauderwelsch ist natürlich nur noch von Eingeweihten zu verstehen. Aber keine Angst: Zum Philosophieren *muss* man sich nicht unverständlich ausdrücken. Vielleicht wäre es ohnehin viel weiser, sich den anderen Menschen verständlicher mitzuteilen. Vielleicht ist es aber auch so, dass die wahrhaft Weisen gar nichts sagen – oder zumindest nichts aufschreiben, wie Buddha, Sokrates oder Diogenes? Oder wie, nebenbei bemerkt, die meisten

Frauen. Vielleicht ist das der Grund, dass in diesem Buch Frauen leider nur in Nebenrollen auftauchen, obwohl sie gewiss nicht weniger tiefsinnige Gedanken haben als Männer …

Damit kommen wir zu einer Frage, die in beinahe jedem Einführungswerk in die Philosophie auftaucht. Vielleicht kommen Sie nach dem oben Gesagten schon selbst auf eine interessante Antwort, eine Antwort, die von dem abweicht, was in 99 Prozent aller Philosophiebücher zu lesen ist: Beginnt die Philosophie tatsächlich 600 Jahre vor unserer Zeitrechnung im antiken Griechenland?

Selbstverständlich (sollte man meinen) nicht! Sicherlich gab es schon unter den Neandertalern Philosophen. Seit das Bewusstsein im Menschen erwachte, dachte er darüber nach, woher er kommt, was passiert, wenn er stirbt, wie die Dinge der Welt zusammenhängen, und was er sinnvollerweise tun soll. Wenn Sie sich auch schon solche Fragen gestellt haben, haben Sie philosophiert – und sind, ob Sie's glauben oder nicht, ein Philosoph!

Wenn das aber so ist, weshalb sollten wir uns dann überhaupt mit den bekannten Philosophen befassen? Diese Frage ist natürlich völlig berechtigt! Denn die »Philosophien« der Philosophen sind ja nicht die Weisheit an sich. Sonst müssten wir tatsächlich nur ein Philosophiebuch lesen, und wir wären weise. Leider – oder glücklicherweise – ist das nicht so einfach. Philosophie kann man nicht lernen, sondern man kann nur lernen, zu philosophieren, meinte der deutsche Philosoph Immanuel Kant.

Die Ideen von Menschen, die intensiv über die grundlegenden Fragen unseres Lebens nachgedacht haben, sind zumindest deshalb wichtig, weil sie uns selbst zu eigenen Gedanken anregen. Das Denken aber kann uns keiner abnehmen.

Deshalb gibt es unserer Ansicht nach auch keine Philosophiegeschichte in dem Sinne, dass es ein stetiges Fortschreiten in der Weisheit gegeben habe. Es wird ja wohl kaum jemand behaupten wollen (aber tun Sie's dennoch, wenn Sie wollen), dass wir heute weiser wären als Sokrates oder Lao Tse! Dies ist auch der Grund dafür, dass wir die Philosophen, deren Gedanken wir in diesem Buch vorstellen wollen, nicht in ihrer chronologischen Reihenfolge behandelt haben. Stattdessen werden wir Sie mit Philosophen bekannt machen, die wir für besonders interessant halten und dann über Themen sprechen, die die betreffenden Philosophen zwar angedacht haben, aber über die wir uns – mit Ihnen – unsere eigenen Gedanken machen wollen.

Kommen wir noch einmal auf die Frage zurück, die wir am Anfang gestellt haben: Wozu ist Philosophie gut?

Wenn Sie philosophieren, wird sich Ihnen diese Frage wahrscheinlich nicht stellen. Philosophieren macht einfach Spaß. Und Spaß zu haben, ist nicht weltfremd. Wenn wir uns fragen, was wir in unserem Leben tun sollen, werden wir auf Gedanken kommen, die uns bei unserem Tun und Denken leiten. Wir werden bestimmte Dinge tun und andere lassen, anstatt wie ein Hamster im Laufrad unser Leben unbewusst und bedeutungslos an uns vorbeilaufen zu lassen. (Vielleicht sieht ein Hamster das aber ganz anders …)

Manchmal fällt es etwas schwer, das, was die alten und neuen Philosophen überlegt haben, in unserem Alltag umzusetzen. Deshalb haben wir eine »Anleitung zum Philosophieren« geschrieben. Die »Anleitungen« sind allerdings nur Vorschläge, Ideen und Gedanken, die selbstverständlich keine absoluten Wahrheiten oder gar Weisheiten darstellen. Wir wollen vor allem deutlich machen, dass die Gedanken, die sich Menschen gemacht haben, heute noch ebenso interessant sind wie damals, und dass es Spaß macht, mit eigenen Gedanken zu spielen. Philosophie ist keine angestaubte Wissenschaft für Bücherwürmer und Eierköpfe. Philosophie gehört einfach zum Menschen.

Und bitte: Nehmen Sie die Philosophie nur nicht zu ernst, sondern folgen Sie lieber Blaise Pascal, der meinte: »Sich über die Philosophie lustig machen, heißt wirklich philosophieren.«

Diogenes

»Eine gute Bildung ist
für die Jugend ein Zuchtmittel,
für das Alter ein Trost,
für den Armen Reichtum
und für den Reichen Schmuck.«
(Diogenes)

Eine der witzigsten Personen der Philosophiegeschichte war wohl *Diogenes* – Sie wissen schon: der
in der Tonne. Auch sonst war er eine ziemlich skur-
rile Gestalt, die immer für Überraschungen gut war.
Aber wie kommt nun der Philosoph in die Tonne?
Schließlich wurde er nicht in einer solchen auf die
Welt gebracht …
Die Geburtsurkunde war noch nicht erfunden, und
deshalb wissen wir heute nicht so genau, wann Diogenes geboren wurde – aber mal ehrlich: So genau
müssen wir's ja auch nicht wissen. Es muss aber um
das Jahr 400 vor unserer Zeitrechnung gewesen
sein, als Diogenes in Sinope, einer Kleinstadt in der
heutigen Türkei, damals griechische Kolonie, das
Licht der Welt erblickte. Sein Vater Hikesias war
Geldwechsler; später wandte er sich allerdings der

Münzfälscherei zu, was ihm Kerkerhaft und Sohn Diogenes die Verbannung eintrug. Vielleicht war Diogenes auch daran beteiligt, oder die ganze Geschichte wurde später erfunden – die Akten sind da nicht so genau.

Im zarten Alter von Mitte dreißig zog Diogenes jedenfalls als Asylbewerber in Athen ein und begann seine Karriere als Philosoph, indem er zunächst einmal Vorlesungen bei *Antisthenes* hörte. Von Antisthenes sind aufmunternde Bonmots wie »Zum Leben rüste dich mit Verstand – oder mit einem Strick!« überliefert. Außerdem hatte er bei dem berühmten *Sokrates*, auf den wir später noch kommen werden, das Philosophieren gelernt. Diogenes also war sozusagen ein philosophischer Enkel des Sokrates.

Diogenes ist das, was man heute (wenn man freundlich bleiben will) einen »Aussteiger« nennt. Er dachte gar nicht daran, eine Arbeit aufzunehmen, hatte keinen Besitz und keinen festen Wohnsitz. Jetzt kommen wir der Tonne schon näher. Irgendwo musste er ja schlafen, und selbst im warmen Griechenland ist es nicht empfehlenswert, bei jedem Wetter im Freien zu übernachten. Also legte er sich in Tempeln, Säulenhallen oder eben in der berüchtigten Tonne im Hof des Metroons, des athenischen Staatsarchivs, zum Schlafen nieder. Als Matratze legte er sich ein paar Blätter in die Tonne

– sein einziges Zugeständnis an die Bequemlichkeit. Auch sonst waren seine Ansprüche nicht gerade hoch. Er trug einen alten, abgewetzten Mantel, stützte sich auf einen Stab und hatte ein kleines Säckchen mit dem Allernötigsten dabei. Das war's dann auch schon. Aber selbst das war ihm noch zu viel. In seinem Ranzen befand sich nämlich unter anderem auch ein Becher, mit dem er, wenn er Durst hatte, Wasser schöpfte – bis er eines Tages ein Kind beobachtete, das neben einer Quelle kniete und Wasser aus der Hand trank. Diogenes war verblüfft: »Ein Kind hat mich an Genügsamkeit übertroffen!«, ruft er. Und wirft seinen Becher als unnötigen Luxusgegenstand weg.

Auch von den Mäusen lernte Diogenes Genügsamkeit, wie sein Biograph und Namensvetter Diogenes Laertius berichtet. Diogenes (unser Philosoph) war einmal wieder auf der Suche nach einem Schlafplatz, und ihm knurrte der Magen. Da sah er ein Mäuslein hin und her huschen, anscheinend völlig frei von Sorgen, zufrieden mit dem, was es auf seinem Weg fand. So wollte auch er sein Leben gestalten: zufrieden mit dem, was ihm das Leben brachte. »Die Natur hat dem Menschen alles gegeben, was er benötigt.«

Im Übrigen hielt sich Diogenes keineswegs für arm. Er hatte ja alles, nach was ihn verlangte, was man schon damals nur von wenigen Menschen behaupten konnte, schon gar nicht von den Reichen, die in ständiger Sorge um ihren Besitz leben und danach trachten, ihn zu vermehren und zu schützen. Nicht übel war auch seine Argumentation, dass alles den Philosophen gehöre und sie daher die reichsten Menschen seien: »Alle Dinge gehören den Göttern. Die Weisen sind die Freunde der Götter. Da unter Freunden nun alles gemeinsam ist, gehört alles den Weisen!«

Man möchte jetzt vielleicht annehmen, dass er eben einer dieser weltfremden Eremiten war, die in höheren Gefilden schweben und sich vom Treiben der Menschen fern halten. Nun lebte Diogenes aber keineswegs zurückgezogen, wie ein Eremit, ganz im Gegenteil: Er suchte ja geradezu die Menschen, um mit ihnen zu sprechen; er hatte durchaus eine Botschaft. Diese Botschaft war nicht nur die Genügsamkeit, die er selbst vorbildlich lebte. Berüchtigt war er vielmehr für seine Kritik an Traditionen und Gedankenlosigkeit.

Und diese Kritik brachte er unter die Leute, ob die es nun hören wollten oder nicht. Man mag einiges an Diogenes bemängeln – aber dass er unbemerkt blieb, kann man wahrlich nicht behaupten. Seine Polemik saß, wenn er sie anbrachte. Tatsächlich muss man sich schon wundern, dass er nicht vor Gericht zitiert wurde oder zumindest Prügel bezog. Seine Respektlosigkeit machte nicht vor den Reichen und Mächtigen, ja nicht einmal vor den mythologischen Helden der griechischen Sage Halt. Wahrscheinlich haben Sie schon einmal von Ödipus gehört? Seinem Vater wurde vom Delphischen Orakel prophezeit, dass ihn sein Sohn töten und dieser seine Mutter heiraten würde. Verständlicherweise war er darüber wenig erfreut und setzte sein Söhnlein aus. Doch das Schicksal wollte es anders. Ödipus wurde gerettet, kehrte später nach Theben zurück, erschlug im Streit seinen Vater (allerdings wusste er da noch nicht, dass es sein Vater war) und heiratete die Königin, seine Mutter (was ihm ebenfalls nicht klar war). Aber wie's eben in einer Tragödie so kommt, fand er sein Geheimnis schließlich heraus. Die Mutter nahm den Strick, und er stach sich beide Augen aus und irrte durch die Welt. So weit die Geschichte.

Die Griechen betrachteten das Ganze als ihre große mythologische Tragödie – nicht so Diogenes. Er meinte nur lapidar, dass Ödipus ein närrischer Tropf gewesen sei, der seinen Ruf freiwillig ruinierte, anstatt das Geheimnis für sich zu behalten oder als König von Theben einfach den Inzest zu legalisieren. Aber nicht nur, dass er selbst seine Reputation durch den Dreck zog – nein, der Tor blendet sich auch noch selbst und zieht blind durch die Welt, »als ob er das nicht auch im Besitz seines Augenlichts hätte tun können!« Ödipus' Tragödie liegt also laut Diogenes weniger in seinem (unfreiwilligen) Inzest, sondern darin, dass er sich so kleinkariert gab und sich nicht über das Tabu hinwegsetzte.

Wenn das für die meisten Menschen schon ein wenig schockierend klingt – für die alten Griechen war's das sicherlich – so wird auch das Folgende nicht besänftigen: Diogenes meinte nämlich, dass Kannibalismus keineswegs wider die Natur des Menschen sei, sondern nur eine von vielen Möglichkeiten, den Hunger zu stillen. Schließlich gäbe es Völker, bei denen dies der Brauch sei. (Er selbst verzichtete allerdings auf den Genuss von Menschenfleisch.)

Diogenes' Ziel war eine Art Schocktherapie, mit der er seine Mitmenschen zum Nachdenken bringen wollte; ein Protest gegen Gedankenlosigkeit und Mitläufertum. Aber nicht nur seine Argumente, sondern auch sein Verhalten waren durchaus unkonventionell.

Um nur ein Beispiel zu erwähnen: Da er die Ansicht vertrat, alles, was man rechtmäßig tue, müsse man auch öffentlich tun können, setzte er sich mitten auf den Marktplatz und speiste (was damals anstößig war), pinkelte, wo immer ihm danach war und befriedigte auch seine sexuellen Bedürfnisse in aller Öffentlichkeit – er stellte sich auf die Straße und onanierte. »Für was soll es gut sein, Bedürfnisse aufzuschieben?«, fragte er sich und seine Kritiker. Klar – er stieß die Leute damit vor den Kopf. Aber es sollte uns schon zu denken geben, dass er nicht verhaftet und eingesperrt wurde; in unserer so toleranten und sexuell befreiten Gesellschaft säße Diogenes schon lange wegen Erregung öffentlichen Ärgernisses ein! So viel zu unserer Toleranz.

Mut hatte er auf jeden Fall. Denn nicht nur die Bürger schockte er mit seinen unkonventionellen Auftritten, sondern auch die Mächtigsten seiner Zeit. Am berühmtesten ist wohl seine Begegnung mit Alexander dem Großen, der ihn aufsuchte, um dem stadtbekannten Philosophen einen Wunsch zu gewähren. Und Diogenes hatte tatsächlich einen Wunsch: »Geh mir aus der Sonne.«

Die Stars der Olympischen Spiele hatten ebenfalls nichts zu lachen, wenn Diogenes auftrat. Den Sieger im Ringkampf fragte er: »Wofür hast du den Siegerkranz bekommen?« Der Athlet antwortete stolz: »Weil ich die stärksten Männer Griechenlands im Ringkampf besiegt habe!« – »Die Stärksten? Wohl kaum. Wenn sie stärker als du waren, hättest du sie nicht besiegt.« – »Nun gut; über die Männer, die mir ebenbürtig sind, habe ich den Sieg errungen.« –π »Soso. Aber wenn du gesiegt hast, waren sie dir wohl doch nicht ganz ebenbürtig!« Kleinlaut gab der Kämpfer zu, dass die Gegner wohl doch ein wenig schwächer gewesen sein mussten. Darauf lachte Diogenes und meinte abfällig: »Und du brüstest dich damit, Schwächere besiegt zu haben. Das gelingt ja wohl jedem!« Und ließ den Helden wie einen begossenen Pudel stehen.

Er machte sich einfach über alles lustig. Ein Zyniker eben. Genauer gesagt *der* Zyniker. Denn das Wort geht auf Diogenes zurück. *Kynikos* bedeutet nämlich »Hund«; und als »Hund« wurde Diogenes wegen seiner Respektlosigkeit und Schamlosigkeit von Zeitgenossen – wahrscheinlich vor allem solchen, die seinem Spott ausgesetzt waren – bezeichnet. Diogenes wertete diesen Schimpfnamen jedoch sogleich positiv um und meinte, ja, er wäre ein Hund – frei, genügsam und bissig.

Um Diogenes wirklich zu verstehen, muss man allerdings auch noch einen Satz kennen, den er gegen Ende seines Lebens in einem seiner ruhigeren Momente sagte: »Ich ahme mit meinem Tun den Chorleiter nach: Auch er gibt den Ton ein wenig zu hoch an, damit die Sänger den rechten Ton treffen.« Nicht alles, womit Diogenes schockiert hat, empfiehlt er also zur Nachahmung; er übertreibt eben ein wenig, um die gedankenlose Masse aufzurütteln. »Wer der Masse gefällt, ist eher ein Eunuch als ein Philosoph!« ist seine Devise.

Nach über fünfzig Jahren als Bürgerschreck und Philosoph wird es auch für Diogenes Zeit, die letzte Reise anzutreten. Er nimmt's gelassen. Im Jahre

310 vor unserer Zeitrechnung hält sich der nun schon 90-jährige Diogenes in Korinth auf und spürt, dass es dem Ende zugeht.

Aber selbst sein eigener Tod bleibt nicht von seinem Zynismus verschont. Seinen Freunden gibt er den Auftrag, ihn nicht zu begraben, sondern einfach aufs Feld zu werfen. »Damit wenigstens die wilden Tiere noch einen Nutzen von dir haben?«, fragen die Freunde, die meinen, der Tod des verehrten Meisters müsse doch irgendeinen Sinn haben.

»Nein«, antwortet Diogenes, »legt nur einen Stock neben mich, damit ich sie vertreiben kann.« Die Freunde wundern sich: »Aber du bist dann doch tot, wirst dich nicht mehr regen und nichts empfinden können?« – »Tja«, grinst Diogenes. »Wenn ich nichts empfinde, kann es mir ja auch gleichgültig sein, wenn ich von wilden Tieren zerrissen werde!«

Diogenes starb in Korinth, und die Korinther errichteten dem berühmten Spötter ein Denkmal, das einen Hund abbildete und auf dem geschrieben stand:

»Ein ehernes Denkmal zerstört die Zeit
und dennoch trotzt dein Ruhm den Zeiten.
Du lehrtest uns Genügsamkeit
und geraden Wegs durch das Leben zu schreiten.«

So einiges, was Diogenes sich überlegte, ist tatsächlich zeitlos – wie jede Philosophie, die den Namen verdient. Was ihn jedoch so einzigartig und bedeutend erscheinen lässt, ist seine Unabhängigkeit und Respektlosigkeit, sein In-Frage-Stellen aller Konventionen und Gewohnheiten.

Es ist zugegebenermaßen auch kein Zufall, dass wir gerade diesen Philosophen gleich zu Beginn unseres Buches vorstellen. Denn allem, was in diesem Buch steht, sollten Sie völlig respektlos gegenüberstehen und sich Ihre eigenen Gedanken machen.

Das gilt auch für diesen Satz.

Vom Nutzen der Respektlosigkeit

»Es gibt Größe, die auf menschlicher Konvention
beruht, und natürliche Größe.«
(Blaise Pascal)

Wie ist das nun mit der Respektlosigkeit? Sollen wir uns etwa darum bemühen, möglichst unhöflich und grob zu sein? Das wäre doch eine etwas magere Lehre!

Einen Menschen zu respektieren, das heißt, ihn höflich und als Mitmenschen zu behandeln, ist ja eigentlich keine schlechte Sache.

Allerdings: Was ist Höflichkeit? Höflichkeit wird fast immer missverstanden als ein Befolgen von bestimmten Verhaltensregeln. Die Verhaltensregeln sind so übel nicht; wer freut sich nicht darüber, wenn einem beispielsweise jemand die Tür aufhält, anstatt sie einem vor der Nase zuzuknallen? Doch wenn man nicht aus eigenem Antrieb auf die Idee kommt – ist das dann noch Höflichkeit? Oder nicht vielmehr andressiertes Verhalten? Ist ein automatischer Türöffner höflich? Man möchte es bezweifeln. Wenn wir uns in der Welt, in der wir leben, umsehen, zeigt sich nun auch, dass die lieben Mitmen schen keineswegs freundlich und respektvoll miteinander umgehen – nicht einmal aus andressierter Höflichkeit.

Die Respektlosigkeit scheint sich heutzutage durchgesetzt zu haben: in der Familie, im Umgang mit Kollegen und Untergebenen (ein Wort, das für sich spricht), in der Schule, beim Militär, auf Behörden und in der Politik.

Auffällig ist dabei, dass Respektsbezeigungen stets nur in einer Richtung erfolgen: Der Schwächere, Unwissendere, weniger Verdienende, in der Hackordnung tiefer Stehende zollt dem Stärkeren, Aufgeblasenen, Großverdiener oder Prominenten Respekt, jedoch nur sehr selten umgekehrt.

Der Vorgesetzte macht den Untergebenen klein, der Lehrer spielt sich vor den Schülern auf, als hätte er die Weisheit mit Löffeln gefressen, der Halbgott in Weiß bemüht sich darum, von seinem Patienten endlich als vollständiger Gott anerkannt zu werden. Diese Art Respektlosigkeit ist ganz gewiss nicht die, die wir meinen und die Diogenes so beispielhaft vorführte.

Erinnern Sie sich noch an den berühmten Dialog zwischen Alexander und Diogenes? Sicherlich wäre er damals wie heute wohl anders abgelaufen, wenn der Philosoph sich so respektvoll verhalten hätte, wie der Herrscher es wahrscheinlich erwartete.

Nehmen wir, um dies ein wenig zu verdeutlichen, ein fiktives Gespräch zwischen einem Staatsoberhaupt, nennen wir ihn Präsident Maier, und einem Herrn Müller, Kaninchenzüchter.

Staatsoberhaupt: Guten Tag, Herr Müller. Ich habe gehört …

Herr Müller: Oh, Herr Präsident. Welche Ehre, Ihnen die Hand schütteln zu dürfen. Darf ich Ihnen die Hand küssen?

Staatsoberhaupt: Gerne. Nun Herr Müller, aufgrund Ihrer Verdienste und Ihrer langjährigen Tätigkeit für das deutsche Kaninchenzüchter-Vereinswesen möchte ich Ihnen eine Ehrung zuteil werden lassen. Hätten Sie vielleicht einen Wunsch?

Herr Müller: Allein schon die Ehre! Würden Sie mir vielleicht – ich wage es kaum zu sagen – Dero Autogramm …?

Diese Art »Respekt« war es, die Diogenes zuwider war. Nun muss man Diogenes nicht einfach seine berühmte Antwort nachplappern (zumal es wohl nicht allzu oft passieren dürfte, dass ein Staatsoberhaupt einem einen Wunsch gewährt und dann auch noch im hellen Sonnenschein steht). Aber vielleicht hätte Diogenes heute so reagiert:

Staatsoberhaupt: Guten Tag, Herr Müller.

Herr Müller: Guten Tag, Herr Maier.

Staatsoberhaupt: Hm. Nun Herr Müller aufgrund Ihrer Verdienste und Ihrer langjährigen Tätigkeit für das deutsche Kaninchenzüchter-Vereinswesen möchte ich Ihnen eine Ehrung zuteil werden lassen. Hätten Sie vielleicht einen Wunsch?

Herr Müller: Aber sicher, Herr Maier. Wie wär's mit gerechteren Gesetzen und weniger Steuern?

Nun trifft ja nicht jeder auf Präsidenten, Minister oder gar Königin Silvia, aber um Respektlosigkeit im Sinne von fehlender Unterwürfigkeit, um nicht zu sagen A...kriecherei, zu zeigen, gibt es genügend Gelegenheit.

Um es ganz klar zu sagen: Respektlosigkeit hat mit Unhöflichkeit überhaupt nichts zu tun! Die diogenische Respektlosigkeit betrifft den unangemessenen Respekt vor Titeln, Aufgeblasenheit und dem, was »man« zu tun oder zu lassen hat.

Beispielsweise dem Respekt vor dem, was die »Wissenschaft« verkündet. Meistens verkündet »die Wissenschaft« nämlich gar nichts, und schon gar keine Dogmen. Aber wie oft lesen wir Sätze, wie: »Die Wissenschaft hat gezeigt ...«, »es ist wissenschaftlich bewiesen ...«, die uns irgendwie suggerieren sollen, dass dem, was der Autor verkündet, höhere Weihen zukommen. Interessanterweise tauchen gerade dann solche Sätze auf, wenn Zweifel an der verkündeten Sache durchaus angebracht sind. Die »Wissenschaft« als Autorität dient dann als Beruhigungspille.

»Die Wissenschaft hat gezeigt …« – welche Wissenschaft eigentlich? Die Wissenschaft ist ein recht dankbarer Prügelknabe oder Helfer, wie man's eben gern hätte. »Die Wissenschaft« gibt's nämlich nicht, das ist wissenschaftlich bewiesen!

Aber auch wenn »die Wissenschaft« an berühmten Vertretern einer Forschungsrichtung festgemacht wird, ist ein respektloses Herangehen an die Aussagen angebracht. Was halten Sie beispielsweise von folgendem Statement: »Albert Einstein sagte einmal: Der Mensch nützt nur zehn Prozent seines Gehirns.«

Nehmen wir einmal an, das Zitat wäre tatsächlich von Einstein (was der Fall ist). Kommt ihm irgendwelche Glaubwürdigkeit zu? Wird die Aussage dadurch glaubwürdiger, dass sie von Einstein kommt? Zumindest die zweite Frage ist doch wohl klar zu verneinen. Einstein war ein Genie, klar. Aber er war erstens Physiker und nicht Hirnforscher, zweitens, selbst wenn er Hirnforscher gewesen wäre, war die Hirnforschung in den fünfziger Jahren noch nicht annähernd so weit wie heute, und drittens würde sich auch heute wohl kaum ein Hirnforscher zu einer solchen Aussage hinreißen lassen.

Um Einstein Ehre widerfahren zu lassen: Selbstverständlich wollte er damit gar keine wissenschaftliche Aussage treffen, sondern nur seiner Meinung Ausdruck verleihen, dass jeder Mensch viel mehr erreichen könnte, wenn er an sich arbeitet. Und das hat ja durchaus etwas für sich.

Benutzt wird das Zitat übrigens mit Vorliebe von der Scientology Church, die natürlich behauptet, durch ihre obskuren Methoden die fehlenden 90 Prozent aus unserem Gehirn herauskitzeln zu können.

Wie würden Sie das Zitat aufnehmen, wenn es nicht von Einstein, sondern von Ihrem Bäcker käme. Oder von Tante Erna? Oder vom Papst?

Es kann sehr interessant sein, den Dingen nachzugehen, denen man selbst ohne nachzudenken Respekt zollt. Da wäre zunächst einmal die ganze Palette der gesellschaftlichen Konventionen.

Warum eigentlich verstößt es gegen die »guten Sitten«, sich nackt in der Öffentlichkeit zu zeigen?

Warum fällt es vielen Gläubigen so schwer, sich Gott als schwarze Frau vorzustellen?

Was ist so schlimm daran, wenn man jemandem seinen Mittelfinger entgegenstreckt?

Warum sagen wir nicht so ohne weiteres: Diogenes war nur ein verrückter Penner, und Jesus war auch nicht viel besser?

Ein scharfer Verstand wird sicher immer Argumente für *und* gegen etwas finden; die *Sophisten* (eine Gruppe von Philosophen, die vor Diogenes lebten) meinten sogar, dass alles relativ sei und es überhaupt keine absolute Wahrheit gäbe (außer der natürlich, dass es keine absolute Wahrheit gibt). Vielleicht kommen Sie ja auch zu diesem Schluss, möglicherweise aber auch zu einem ganz anderen – vor allem, wenn Sie mit genügend Respektlosigkeit vorgehen …

Paul Feyerabend

»Anything goes – alles ist möglich.«
(Paul Feyerabend)

Auch unter den Philosophen gibt es Revolutionäre. Der österreichische Philosoph Paul Feyerabend war so einer: Er stellte die Wissenschaftstheorie auf den Kopf; der Frage nach dem, was Wissenschaft eigentlich ist, begegnete er mit einem »wissenschaftstheoretischen Anarchismus« – alles ist möglich, meinte er. Natürlich war das den Wissenschaftlern gar nicht recht …

Paul Karl Feyerabend wurde am 13. Januar 1924 in Wien geboren und wuchs in einem eher kleinbürgerlichen Milieu auf. Sein Vater war ein kleiner Beamter, seine Mutter Näherin. Über seine Kindheit berichtet Feyerabend merkwürdig emotionslos, wie er überhaupt die erste Hälfte seines Lebens äußeren Ereignissen ziemlich distanziert gegenüberstand: Weder die blutigen Ereignisse des Bürgerkrieges 1934 noch der Einmarsch der Nazis noch der Krieg noch eine versuchte Vergewaltigung im Alter von 13 Jahren schienen ihn gefühlsmäßig zu berühren.

Vielleicht hängt das damit zusammen, dass er lernte, sich emotional zu verschließen, da seine Mutter schwer depressiv war und immer wieder damit drohte, sich das Leben zu nehmen, was ihr schließlich auch gelang.

Die Feyerabends lebten in einem ziemlich heruntergekommenen Arbeiterviertel. Die Nachbarn waren ständig betrunken, prügelten sich gegenseitig und ihre Kinder. Paul Feyerabends Eltern fanden die Gegend anscheinend so gefährlich, dass sie ihn lange Zeit nicht allein auf die Straße ließen; ja nicht einmal auf das Gemeinschaftsklo im Gang durfte er, sodass er bis zu seinem neunten Lebensjahr auf den Nachttopf angewiesen war.

Feyerabend selbst sagt das in seiner Autobiographie zwar nicht ausdrücklich, doch seine Kindheit war wohl nicht gerade glücklich. Er war ständig krank, litt an psychosomatischen Krankheiten, wie Magenbeschwerden, Krampfanfällen, Bettnässen und Schlafwandeln. Als er in die Grundschule kommt, muss er sich die ersten Tage jedes Mal erbrechen, sobald die Lehrerin etwas an die Tafel schreibt. Doch das geht schließlich vorüber.

Er zieht sich in seine eigene Welt zurück, denkt sich Märchen und Geschichten aus und liest bereits als Kind sehr viel. Schon als er in die Grundschule kommt, kann er lesen.

Ab 1934 besucht er das Realgymnasium. Dort ist

Feyerabend ein »Vorzugsschüler« – aber beileibe kein Streber. Des Öfteren bekommt er Verweise, wegen seiner Disziplinlosigkeit. Gerade deswegen ist er aber wohl trotz seiner guten Noten bei seinen Mitschülern beliebt. Schon mit zwölf Jahren hat er bei seinen Kameraden den Ruf, mehr über Physik zu wissen als seine Lehrer. Das ist vermutlich auch, wie er selbst sagt, auf sein »großes Maul« (das er sein Leben lang behalten hat) zurückzuführen …

Er liest alles, was ihm unter die Finger kommt: zunächst Märchen und Karl May, dann Krimis, Science-Fiction, Goethe (den Faust kann er bald auswendig), Kleist, Shakespeare und dann, mehr oder weniger zufällig, auch Philosophen. Er kauft nämlich, weil er so viel liest, vor allem gebrauchte Taschenbücher. Die aber wurden in Bündeln verkauft – und darunter fanden sich hin und wieder eben auch Werke von Plato oder Descartes.

Sein Interesse an Astronomie, Mathematik und Physik wird durch einen sehr engagierten Lehrer, Professor Oswald Thomas geweckt, der an seiner Schule unterrichtet und Vorträge hält. Feyerabend muss einer seiner Lieblingsschüler gewesen sein, denn an seinem 13. Geburtstag erlaubt er ihm, selbst einen kleinen Vortrag zu halten. Paul macht das offensichtlich großen Spaß – er hört erst zu reden auf, als man ihm das Wort entzieht.

Als 1939 Österreich an Deutschland »angeschlossen« wird, ist Paul Feyerabend 15 Jahre alt und verdient sich sein Taschengeld damit, Nachhilfe in Physik, Mathematik und Latein zu geben. Das Geld braucht er auch dringend; einmal wegen der vielen Bücher, die er kauft, und dann auch, weil er seine große Leidenschaft entdeckt: den Gesang. Er wird zu einem großen Opernfan und beginnt damit, Gesangsunterricht zu nehmen. Als er sechszehn ist, macht er die Aufnahmeprüfung für das Konservatorium und wird angenommen. Sein Tag sieht nun so aus: Morgens geht er in die Schule, nachmittags beschäftigt er sich mit theoretischer Astronomie, abends hat er Gesangsunterricht und nachts führt er astronomische Beobachtungen durch. Es ist ein Rätsel, wie er noch zum Essen und Schlafen kommt.

Politisch dagegen ist er völlig desinteressiert. Aber er liebt es schon in dieser Zeit, zu provozieren: Eine Versammlung der Hitlerjugend verlässt er mit der Bemerkung, dass er der heiligen Messe beiwohnen müsse (Feyerabend war überhaupt nicht religiös), und mit seiner Mutter zettelt er einen Streit an, indem er die Briten – die ja als »Volksfeinde« galten – lobt.

Der Krieg bricht aus. Und damit ändert sich vieles. Feyerabend kann zwar noch die Matura (das Abitur) machen, wird aber sofort danach zum Arbeitsdienst verpflichtet und erhält im Dezember 1942 dann seinen Einberufungsbefehl. Nach kurzer Zeit meldet er sich freiwillig für die Offiziersausbildung, nicht etwa, weil er besondere Ambitionen hat, sondern weil er sich denkt, dass er auf diese Art und Weise wohl bessere Chance hätte zu überleben: »Die Kandidaten erhielten nämlich zusätzliche Anweisungen, wie man sich am besten in Sicherheit brachte.« Während seiner Ausbildung erfährt er, dass seine Mutter Selbstmord begangen hat. Er bekommt Urlaub und kann nach Wien zurück.

Ende 1943 aber muss er schließlich doch noch an die Front. 1944 kommt er mit den anderen Offiziersanwärtern auf die Offiziersschule in Dessau, wo er philosophische Vorträge hält, die seine Kameraden nachdenklich und wohl auch etwas verwirrt zurücklassen. 1945 muss er wieder an die Front, nach Russland. Der Krieg endet für ihn, als er verletzt wird. Ein Schuss in die Hüfte lähmt sein Bein, sodass er sein ganzes weiteres Leben eine Krücke benötigt und impotent ist. Seltsamerweise lässt ihn aber auch das ziemlich kalt – er freut sich eher darüber, nicht mehr kämpfen zu müssen.

Kurz darauf ist der Krieg für alle vorbei. Feyerabend erholt sich langsam von seiner Verletzung und kann allmählich aus dem Rollstuhl aufstehen und sich mit seinen Krücken relativ frei bewegen. 1946 kehrt er nach Wien zurück und beginnt Geschichte zu studieren, wechselt dann aber zur Physik. Zu dieser Zeit hat er eine klare Vorstellung von dem, was Wissenschaft ist: »... die Wissenschaft ist die Grundlage des Wissens. Wissen ist empirisch, nichtempirische Überlegungen sind entweder Logik oder Unsinn ...« Noch nichts, außer seiner Vorliebe für die Provokation, deutet darauf hin, dass er diese Meinung einmal gründlich ändern wird. Aber auch anderen fällt auf, dass er »überall war, wo sich interessante Dinge abspielten, um die Leute zu provozieren«.

1945 war das »Österreichische College« (heute »Europäisches Forum«) in Albach in Tirol gegründet worden. Aus Albach wurde bald eine Art internationales geistiges Zentrum: Es trafen sich dort berühmte Wissenschaftler, Künstler und Philosophen – Physiker wie Paul Dirac oder Lise Meitner, Künstler wie Arthur Koestler oder Helmut Qualtinger und Philosophen wie Karl Popper.

Schon als Feyerabend Albach 1948 zum ersten Mal besucht, begegnet er Karl Popper, der sofort auf ihn aufmerksam wird. Kein Wunder, denn Feyerabend ist wieder einmal ziemlich provokativ: Als einige hochberühmte Philosophen, wie Ernesto Grassi und Jakob Johann von Uexküll über Wissen und Wahrheit sprechen, tritt er danach ans Rednerpult und macht klar, dass alles, was sie gesagt haben, nur »leerer Wortschwall« sei. Gleich nach der Diskussion kommt Popper auf ihn zu und bietet ihm das

»Du« an. Damit ist Feyerabend in den Zirkel der »bedeutenden Menschen« eingeführt. Wer weiß, wie sein Leben verlaufen wäre, hätte er bei dieser Diskussion geschwiegen …

1951 macht er seinen Doktor in Philosophie. 1952 bewirbt er sich um ein Stipendium in Cambridge, wo er auch angenommen wird und bei Popper studiert. Das was Popper lehrte, nämlich die Nutzlosigkeit der Induktion (also des Entwickelns von Theorien aus den vorgefundenen Tatsachen), leuchtete ihm völlig ein. »Der Falsifikationismus (also das Fortschreiten der Erkenntnis durch das Widerlegen anstatt des Beweisens von Theorien) erschien als die einzige echte Alternative«, schreibt Feyerabend, doch »irgendetwas an der Sache war faul.«

Ab 1955 ist Feyerabend Dozent in Bristol, wo er seine ersten Ideen zu seinem aufsehenerregenden Buch *Wider den Methodenzwang* entwickelt. Doch bis zur Fertigstellung dieses wichtigen Werkes sollte es noch zwanzig Jahre dauern. Drei Jahre lehrt er in Bristol, dann bekommt er 1959 ein Angebot der Berkeley-Universität in Kalifornien: Er wird Professor. Bald veröffentlicht er einige Artikel, denn er beginnt den akademischen Brauch zu durchschauen, »dass jemand umso besser vorankommt, je mehr Texte er verbricht«. Feyerabend nimmt den gesamten Wissenschaftsbetrieb nicht ernst. Er bereitet sich kaum auf seine Vorlesungen vor und rät seinen Studenten des Öfteren, »nach Hause zu gehen, weil die offiziellen Skripten alles enthielten, was sie wissen müssten«. Als er bei den Studentenrevolten in den 60er-Jahren auch noch gut mit den Studenten auskommt und seine Vorlesungen außerhalb der Universitätsräume abhält, wollen ihn einige Kollegen loswerden. Doch Feyerabend hat inzwischen einen Ruf, der diese Pläne scheitern lässt.

Vielleicht sind diese Intrigen aber mit der Grund dafür, dass er von 1972 bis 1974 einen Lehrauftrag an der Universität von Auckland in Neuseeland annimmt – wo etliche Jahre zuvor schon Popper gelehrt hat. Das bedeutet jedoch keineswegs eine Abkehr von Berkeley: Nach den zwei Jahren in Neuseeland lehrt er wieder in Kalifornien.

1975 erscheint *Against Method* (Wider den Methodenzwang). Darin entwickelt Feyerabend seinen »wissenschaftstheoretischen Anarchismus« – wissenschaftlicher Fortschritt beruht nicht, wie die meisten Menschen und ebenso die meisten Wissenschaftler zu glauben geneigt sind, auf einer strengen Methodenlehre und Logik. Ganz im Gegenteil: Neue Erkenntnisse entstehen nur dann, wenn man sich von den überkommenen Ideen und den herrschenden Lehren abwendet und völlig neue Wege beschreitet. Die einzige gültige Regel ist die anar-

chistische Anti-Regel »anything goes – alles ist
möglich«. Damit geht er weit über die damals bedeutendsten Wissenschaftstheoretiker Rudolf Car-
nap und Karl Popper hinaus.

Feyerabend erklärt, dass es im Grunde keine klare Trennung von Wissenschaft und Nicht-Wissen-
schaft gibt. In der Wissenschaft gibt es keinerlei
allgemeingültige Normen und Spielregeln; die Methoden, die von Wissenschaftlern in der Praxis angewendet werden, sind äußerst unterschiedlich.
Die Konsequenz daraus ist, dass es für die Forschung sinnvoll wäre, sich nicht um die »wahre
wissenschaftliche Methode« zu streiten, sondern
einen methodologischen Pluralismus gelten zu lassen. Forscher sollten überdies möglichst versuchen, die geltenden wissenschaftlichen Normen zu
brechen, um zu neuen, kreativen Lösungsvor-
schlägen zu gelangen. »Einer der Gründe, weshalb
ich WM schrieb, war der, dass ich die Menschen
von der Tyrannei philosophischer Obskuranten
und abstraktiver Begriffe, wie ›Wahrheit‹, ›Realität‹ oder ›Objektivität‹ befreien wollte.«

Wie man sich leicht denken kann, gab das einen
Aufschrei in der wissenschaftlichen Welt, die sich
schon mit Popper schwer getan hatte.

1978 setzt er noch eins drauf: sein Buch *Science in
Free Society* (Erkenntnis für freie Menschen). Darin
plädiert Feyerabend für eine sozusagen demokrati-

sche Wissenschaft, die für die Bürger durchschaubar ist und nicht staatlich kontrolliert wird. Um das, was er in diesem Buch schrieb, auch gleich praktisch umzusetzen, vermied er es, »eine Auffassung intellektuell darzustellen, und benutzte stattdessen gewöhnliche Redewendungen und die Sprache des Showbusiness und der Boulevardpresse«. Das Buch erregte ziemliches Aufsehen – doch seine Kritiker verstanden oft überhaupt nicht, was Feyerabend meinte. »Als ich die Rezensionen las, wurde ich zum ersten Mal in meinem Leben mit reinem Analphabetentum konfrontiert.« Manche Kritiken sind auch in der Tat ziemlich eigentümlich: so wird ihm vorgeworfen, dass er sich als Anarchist bezeichne, auf der anderen Seite aber argumentieren würde. »Es kam mir fast so vor, als ob die Rationalisten das Argument als ein heiliges Ritual ansahen, das seine Kraft verliert, wenn es von einem Ungläubigen benutzt wird.« Auch seine Ironien, Witze und Sticheleien erkennen die Kritiker meist nicht als solche und verwechseln sie mit Tatsachenfeststellungen – ein Schicksal, das, nebenbei bemerkt, so manchem Witzbold zuteil wird …

Die berühmte Zeitschrift *Nature* erklärt ihn 1987 gar zum »schlimmsten Feind der Wissenschaft«, weil er zu sagen wagt, dass auch »Auffassungen, die nicht mit wissenschaftlichen Institutionen verbunden sind, ihren Wert haben können«. Dieser

Entrüstungssturm, der sich erhebt, stürzt Feyerabend erst einmal über ein Jahr lang in eine tiefe Depression.

Als ihm ein Freund erzählt, dass das Züricher Polytechnikum (an dem Einstein studierte) einen Wissenschaftstheoretiker suche, bewirbt sich Feyerabend und wird schließlich nach hitzigen Diskussionen angenommen. 1980 wird er Professor in Zürich. Die nächsten »zehn wundervollen Jahre« unterrichtet er abwechselnd in Berkeley und in Zürich. 1984 erscheint *Wissenschaft als Kunst*. Als 1989 Kalifornien von einem großen Erdbeben heimgesucht wird, lässt sich Feyerabend in Berkeley emeritieren und zieht 1990 in die Schweiz, wo er sich bald darauf ebenfalls emeritieren lässt. Feyerabend ist nun Pensionist – und hat damit den »Beruf«, den er sich schon als Kind gewünscht hatte ...

1993 beginnt und beendet er seine Autobiographie *Killing Time* (Zeitverschwendung). Sein Fazit ist: »Heute scheint es mir, dass Liebe und Freundschaft eine zentrale Rolle spielen und dass ohne sie selbst die höchsten Errungenschaften und die wichtigsten Prinzipien blass, leer und gefährlich bleiben.«

Am 11. Februar 1994 stirbt Paul Feyerabend in Genf.

Paul Feyerabend war ein so genannter »Wissen-schaftstheoretiker« – aber das Ergebnis seiner Überlegungen war, dass es eigentlich keine wissen-schaftliche Methode gäbe, die sich vor anderen aus-zeichnet. Die Wissenschaft kümmert das bis heute recht wenig. Und das Wort »Wissenschaft« wird doch immer noch mit einem gewaltigen Respekt be-trachtet. Sollten wir uns nicht einmal selbst überle-gen, was es mit »der Wissenschaft« eigentlich auf sich hat?

Was ist Wissenschaft?

> »Wir brennen vor Begier, alles zu ergründen
> und einen Turm aufzuführen,
> der bis in die Unendlichkeit reicht.
> Aber unser ganzes Gebäude kracht,
> und die Erde öffnet sich bis in die Tiefen.«
> (Blaise Pascal)

Schon immer strebten die Menschen nach Wissen.
Da der Mensch nicht oder nur mit wenig »einge-
bautem Wissen«, den so genannten »Instinkten«
ausgestattet ist, ist zumindest etwas Wissen lebens-
notwendig. Welche Pflanzen sind essbar und welche sind giftig? Wie kann man sich gegen gefährli-
che Raubtiere wehren? Wie kann ich mich vor
Kälte schützen?
Das Wissen der Menschen erweiterte sich immer
mehr. Das war durch die Sprache möglich geworden – man konnte Wissen nun »transportieren«.
Und als dann die Schrift erfunden wurde, ging es
natürlich noch schneller voran.
Als die Menschen begannen, über die Welt nachzudenken, ergaben sich neue Fragen – Fragen nach
dem Ursprung des Lebens, der Bedeutung des To-

des, der Beschaffenheit der Welt. Diese Fragen waren nicht so leicht und eindeutig zu beantworten, und die ersten Antworten waren nur vage Vermutungen: Der Blitz, könnte das nicht der gewaltige Pfeil eines Gottes sein? Ist die Welt vielleicht aus dem Ei eines Urvogels geschlüpft? Sind die Sterne Löcher in einem großen Dach, das die Welt überspannt?

Je komplizierter die Fragen wurden, desto mehr tauchte das Problem auf, was denn nun eigentlich Wissen sei, und wie man am besten daran kommt. Nun, wir haben ja heute die Wissenschaften, die uns sagen, was wir wissen. Oder etwa nicht? Ja, was ist Wissenschaft denn überhaupt?

Die Wurzeln des heutigen Wissenschaftsverständnisses liegen in der Philosophie der griechischen Antike. Deshalb galt die Philosophie auch lange Zeit als »die Mutter aller Wissenschaft«. Damals begannen die Menschen, bei der Suche nach Wissen systematisch vorzugehen. Wissenschaft hat also etwas mit systematischem Vorgehen zu tun. Doch nach welchem System eigentlich? Es gibt ja nicht nur eines.

Wissenschaftliche Erkenntnisse, so heißt es, müssen durch allgemein nachvollziehbare Argumente, durch Experimente, durch Belege, Quellen usw. ihre Gültigkeit nachweisen. Die Wissenschaft ist also ein *rationales* System des Erkenntnisgewinns, das sich von Meinungen, von Glauben, von Erfahrung, Weisheit, Intuition usw. unterscheidet.

Na, das klingt ja alles prima. Wer könnte dagegen etwas einwenden? Natürlich, wie soll es anders sein, die Philosophen. Die kämen womöglich auf die Idee zu fragen, was es denn heißen soll, dass etwas »allgemein nachvollziehbar« ist. So einfach ist das nämlich gar nicht.

Da stoßen wir schnell auf Schwierigkeiten. Es gibt nicht allzu viele Menschen, die beispielsweise die Ergebnisse der höheren Physik nachvollziehen können. Und doch wird die Physik im Allgemeinen als Wissenschaft bezeichnet. Dagegen können schon wesentlich mehr Menschen nachvollziehen, dass ein Schöpfergott das Universum hergestellt hat – was wiederum selten als wissenschaftliche Aussage betrachtet wird.

Vielleicht waren wir nun etwas unfair. »Allgemein nachvollziehbar« gilt natürlich mit der Einschränkung »für Menschen, die sich intensiv mit dem jeweiligen Thema beschäftigt haben«. Diese Einschränkung ist aber auch nicht ganz befriedigend. Was ist, wenn sich nur ein oder zwei Menschen mit einem Gebiet befasst haben? Was ist, wenn eine wissenschaftliche Beweisführung so kompliziert ist, dass sie nicht einmal von all denen, die sich damit befassen, begriffen werden kann?

Des Weiteren behaupten ja auch Yogis und Mystiker, dass ihre Erkenntnisse jedem, der nur wenige Jahrzehnte hindurch meditiert, zugänglich seien. Wollen wir also zugeben, dass auch solche Erkenntnisse wissenschaftlich seien? Das würde den Wissenschaftsbegriff irgendwie in seinem Kern treffen und schon arg aufweichen.

Nun gibt es sicherlich wichtige und tiefe Einsichten, die nicht mit den Mitteln der Wissenschaft gewonnen werden – das würde auch kein Wissenschaftler bestreiten. Aber er würde diesen Einsichten eben doch »Wissenschaftlichkeit« absprechen.

Wir sind noch nicht viel weitergekommen. Inwiefern unterscheidet sich nun Wissenschaft von Glauben, von Meinungen usw.? Die »allgemein nachvollziehbaren Argumente, Experimente, Belege usw.« werden im Allgemeinen als Charakteristika der Wissenschaft angesehen, doch wir haben schon gesehen, dass es bereits bei den »nachvollziehbaren Argumenten« Probleme gibt. Was zunächst unangetastet bleibt, ist, dass Wissenschaft systematisch vorgeht.

Ein weiteres Merkmal von Wissenschaft ist etwas, woran man vielleicht nicht zuerst denken würde: wissenschaftliche Erkenntnisse können ohne Verluste schriftlich fixiert werden.

Wir sind nun bei einem ziemlich weiten Wissenschaftsbegriff angelangt. Wissenschaftliche Erkenntnisse sind solche Erkenntnisse, die systematisch gewonnen werden und verlustfrei schriftlich dargestellt werden können.

Das scheint ja zunächst einmal ein wenig mager, aber es passt tatsächlich in vielerlei Hinsicht und schafft die Abgrenzung zu Meinungen, Glauben und Intuition. Es hat auch den Vorteil, sowohl von wissenschaftlichen wie von unwissenschaftlichen Denkern akzeptiert werden zu können. Auch ein Mystiker wird zugeben, dass er seine Einsichten wohl kaum aufschreiben und sie damit an andere weitergeben kann, auch wenn er in gewisser Weise systematisch vorgegangen sein mag. Auch jemand, der eine klar darstellbare Einsicht intuitiv gewonnen hat, wird zugeben müssen, dass er sie eben nicht systematisch gewonnen hat.

Einen Haken hat diese Definition allerdings. Es fehlt ein Hinweis darauf, warum Wissenschaft anderen Wegen der Erkenntnisgewinnung überlegen sein soll. Wissenschaft, so werden Rationalisten beharren, führt zu klaren und wahren Erkenntnissen – und sie kann das auch beweisen!

Nun, mit dem Beweisen ist das nicht so einfach, wie man naiverweise denken mag. Allgemeine Aussagen wie »Alle Menschen brauchen Luft zum Atmen« sind, auch wenn sie wie in diesem Beispiel unmittelbar einleuchten und wohl wahr sind, niemals wirklich beweisbar. Um zu wissen, dass alle, wirklich alle Menschen, die leben, gelebt haben und leben werden, diese Eigenschaft haben, müsste man alle darauf prüfen – was klarerweise nicht, nicht einmal theoretisch, möglich ist. Es dauerte ziemlich lange, bis sich diese Einsicht in der Wissenschaft durchsetzte. Erst Karl Popper (vgl. S. 299) stellte ein anderes Konzept vor: Eine Aussage ist dann wissenschaftlich, wenn sie prinzipiell widerlegbar ist. Diese Idee war großartig und stellte viele Missverständnisse klar.

Zunächst war wieder Klarheit in die Wissenschaft eingekehrt. Aber da sich auch Psychoanalytiker, Literaturwissenschaftler oder Homöopathen als Wissenschaftler betrachten, gab es natürlich das Problem, dass ihre An- und Einsichten nun gerade nicht widerlegbar sind. Die einen, z.B. Physiker, zogen daraus den Schluss, dass die Psychoanalyse, die Literaturwissenschaft oder die Homöopathie zwar möglicherweise, wenn vielleicht auch nicht sehr wahrscheinlich, richtige und wichtige Aussagen machten, aber eben keine wissenschaftlichen Aussagen. Da aber auch Psychoanalytiker und Literaturwissenschaftler gerne Wissenschaftler und nicht etwa Künstler oder Mystiker sein wollten, waren sie natürlich mit Poppers Kriterium der Falsifizierbarkeit (Widerlegbarkeit) keineswegs einverstanden. Also begann man, zwischen zwei Wissenschaftsformen zu unterscheiden: Auf der einen Seite stehen die Naturwissenschaften, die »wertfrei und objektiv« mit

Experimenten der Wahrheit zu Leibe rücken wollen. Auf der anderen Seite die Geisteswissenschaften, die die Wirklichkeit deuten.

Nun klafft zwischen diesen beiden Formen der Erkenntnisgewinnung in der Tat ein großer Abgrund. Die Naturwissenschaften liefern »harte Fakten« die Geisteswissenschaften »weiche Vermutungen«. Auf den ersten Blick stehen also die Naturwissenschaften besser da. Und wirklich beruht ja auf ihren Erkenntnissen unsere moderne Informationsgesellschaft. Aber ist das nun ein Vor- oder ein Nachteil – oder beides?

Und vor allem: Gibt es überhaupt wirkliche Wertfreiheit? Wirkliche Objektivität? Wohl kaum. Natürlich können auch Naturwissenschaftler nicht anders als subjektiv sein. Immerhin, so mag man einwenden, sind sie wenigstens um Objektivität bemüht – aber ist das wirklich so gut, oder verschleiert es lediglich die Motive des Forschenden? Betrachten wir einmal die Alternative. Die wichtigste Methode der Geisteswissenschaften ist die *Hermeneutik*, die »Lehre vom Verstehen« oder »Auslegungskunst«. Ursprünglich war die Hermeneutik im 16. Jahrhundert eine Methodik, um die biblische Wahrheit und die Texte der Antike auf eine einzige und einzig wahre Auslegung einzuschränken. Im 19. Jahrhundert bezog der deutsche Philosoph Wilhelm Dilthey jedoch den Leser mit ein – er verstand das Verstehen als eine psychologische Rekonstruktion. Vor allem wollte Dilthey die »verstehenden Geisteswissenschaften« gegenüber der »nur erklärenden Naturwissenschaft« abgrenzen. Im 20. Jahrhundert versuchte Martin Heidegger zu zeigen, dass im Grunde jede Form von Wissen auf Auslegung beruhen müsse.

Und tatsächlich: Macht nicht jede Wissenschaft, jede Ideologie, jede Religion Voraussetzungen, die die Grundlage aller ihrer weiteren Aussagen sind? Und diese Voraussetzungen sind innerhalb eines Systems, ob es sich nun um Religion oder Kunst oder Wissenschaft handelt, nicht hinterfragbar. Jede wahrgenommene Tatsache bedarf der Auslegung: Was bedeutet das Wahrgenommene?

Nun, wir können ja auch anders fragen: *Funktioniert* eine Methode der Erkenntnisgewinnung? Fragen wir nicht nach »Wahrheit«, sondern nur danach, ob eine wissenschaftliche Aussage oder Theorie das leistet, was wir wollen, dass sie leistet. Ja dann – dann müssen natürlich die Methoden der Wissenschaften so vielfältig sein wie die Menschen, die sie betreiben und die Unterschiedliches wollen. Aber ob die Naturwissenschaften wirklich erklären und die Geisteswissenschaften wirklich verstehen? Leistet nicht die Kunst eben dies?

Wenn wir die Geschichte der Wissenschaften betrachten, so sehen wir, dass große Erkenntnisse niemals methodisch zustande kamen. Jede große Neuerung gründet auf einer neuen Idee, einer Intuition, einer Eingebung, einem Traum – auf einem Überschreiten des Gewohnten.

Die großen Wissenschaftler waren nicht objektiv. Sie hielten sich nicht an wissenschaftliche Regeln. Sie fanden nicht zum Neuen, indem sie mühsam Schritt um Schritt machten, sondern sie wagten den Sprung ins Unbekannte.

Lao Tse

»Wer nicht aufs Kleine schaut,
scheitert am Großen.
Weil der Weise unbefangen
das Ende am Anfang sieht,
das Große im Kleinen,
wird auch das Verfänglichste und Schwerste ihm leicht.«
(Lao Tse)

Als im alten Griechenland die Philosophie aufblühte, entwickelten sich auch in Indien und China völlig unabhängig große philosophische Lehren. Einer der ältesten Philosophen, die wir kennen, lebte vor über 2500 Jahren in China – Lao Tse, der Begründer des Taoismus.

Ungefähr 600 Jahre vor unserer Zeitrechnung wurde Li Pohyang, der später den Ehrennamen *Lao Tse*, d.i. »Alter Meister« erhielt, in der Provinz Tschou, heute Hunan geboren. Über seine Jugend, seine Erziehung und Lehrer ist nichts bekannt. Wir wissen nur, dass er wohl ein gebildeter Mann gewesen sein muss, da er eine Zeit lang Archivar im kaiserlichen Staatsarchiv war. Er selbst hat nur ein einziges Buch geschrieben und auch das nicht ganz freiwillig.

Als er sich nämlich ganz von der Welt zurückziehen will und in die Berge fortwandert, begegnet ihm an einem Gebirgspass der Grenzwächter Yin, der ihn bittet: »Meister, ich sehe, dass du in die Einsamkeit gehen willst – ich bitte dich, schreibe deine Gedanken für mich auf.« Lao Tse tut ihm den Gefallen und schreibt etwas über 5000 Wörter nieder. Dann zieht er fort – und ward nicht mehr gesehen.

Doch dieses eine Büchlein ist vielleicht eines der größten Werke der Weltliteratur und wurde in über 130 Sprachen übersetzt – das Tao-Te-King, das »Buch von der Kraft des Weges«. Wir werden gleich darauf zurückkommen; zunächst aber noch ein paar Anekdoten aus dem Leben des alten Meisters. Die meisten dieser Geschichten ranken sich um Gespräche zwischen Lao Tse und dem anderen großen chinesischen Weisen, *Konfuzius*. Aufgeschrieben wurden sie aber erst viele Jahre später von anderen Taoisten – und wie man sich leicht denken kann, zieht Konfuzius deshalb immer den Kürzeren:

Konfuzius wollte einst auf einer Reise Lao Tse besuchen und ihm seine Bücher schenken. Doch Lao Tse wollte sie nicht annehmen. Da begann Konfuzius zu erklären, was er geschrieben hatte. Nach einer Weile unterbrach ihn Lao Tse: »Ihr versucht, zu viel auf einmal zu sagen. Sagt mir nur, was das Wesentliche Eurer Gedanken ist.«

»Menschlichkeit und Gerechtigkeit sind es«, antwortete Konfuzius.

»Meint Ihr demnach, dass diese Teil der Natur des Menschen seien?«

»Ja, denn das Wesen eines guten Menschen ist nicht vollkommen ohne diese.«

»Was ist denn Eurer Meinung nach Menschlichkeit und Gerechtigkeit?«

»Die ganze Menschheit ohne Parteilichkeit zu lieben!«

»Oh weh!«, lachte Lao Tse. »Ihr redet wie ein Prophet. Ist es nicht Unsinn, davon zu sprechen, die ganze Menschheit zu lieben? Ist es nicht notwendig, die Parteilichkeit anzuerkennen, um von der Unparteilichkeit sprechen zu können? Sonne und Mond scheinen am Himmel, die Tiere des Wassers und der Erde gedeihen, die Bäume blühen. Warum folgt Ihr nicht einfach Euren natürlichen Neigungen? Warum macht Ihr solch ein Geschrei darum? Ach, ich fürchte, dass Ihr die Natur des Menschen nur stört!«

Ein anderes Mal befragte Konfuzius den »Alten Meister«, wie es mit der Verehrung der Ahnen zu halten sei. Der Meister sprach: »Die Menschen, von denen Ihr sprecht, sind längst vermodert. Wenn ein

Edler in der richtigen Zeit lebt, findet er Ruhm und Ehre, wenn nicht, geht er hin und düngt das Unkraut. Mein Lieber, steht ab von Eurer Eitelkeit und Euren großen Plänen – das ist alles ohne Wert für Euer Selbst. Weiter habe ich nichts zu sagen!«

In diesen zwei Anekdoten zeigt die Lehre Lao Tses schon einiges von ihrem Wesen. Die Dinge, um die sich die Menschen in der Regel bemühen, das Streben nach Ansehen, Ruhm, Macht und Reichtum, aber auch die »höheren« Ziele, wie Klugheit, Gerechtigkeit oder Menschenliebe, sind letztendlich nicht das Eigentliche. Sie machen die Menschen nicht glücklicher oder zufriedener. Das Gegenteil ist freilich auch nicht besser – selbstverständlich predigt Lao Tse nicht Dummheit, Ungerechtigkeit oder Menschenverachtung.

Was aber bleibt dann? Ein oberflächlicher Betrachter könnte vielleicht meinen, es wäre Gleichgültigkeit. Aber auch das ist es nicht.

Im Tao-te-King, dem Buch von der Kraft des Tao, finden wir eine Stelle, die vielleicht ein wenig deutlicher macht, was Lao Tse meint.

»Durch die Bestimmung des Schönen entsteht das Hässliche.

Durch die Bestimmung des Guten entsteht das Böse. In der Tat:

Sein und Nicht-Sein bedingen einander,
Schwer und Leicht ergänzen einander,
Lang und Kurz gestalten einander,
Hoch und Niedrig bezwingen einander,
Stimme und Klang bzwingen einander,
Vorher und Nachher folgen einander. «

Die Gegensätze sind also nur bei einseitiger Betrachtungsweise voneinander getrennt, so wie die beiden Seiten einer Münze, die dennoch nur *eine* Münze ist. Aus taoistischer Sicht sind Gegensätze immer *Pole* eines Ganzen; dieses Denken wird deshalb auch als *polares Denken* bezeichnet. Die chinesische Philosophie hat für die Pole Begriffe, die wir wohl am besten übernehmen, da es in unserer Sprache keine gute Entsprechung dazu gibt. Dieses Begriffspaar ist *Yin* und *Yang*. Yin und Yang sind dabei nicht etwas Bestimmtes, nicht männlich-weiblich, nicht gut-böse, nicht hell-dunkel, und schon gar nicht obskure chinesische Götter, sondern stehen für das Prinzip der Polarität.

Vielleicht kennen Sie ja das bekannte Yin-Yang-

Symbol. Es lohnt sich, dieses Symbol einmal genauer zu betrachten: Schwarz und Weiß sind in ständiger Bewegung, eines ist nicht nur im anderen enthalten, sondern bedingt das andere sogar. Würde man das Schwarze fortnehmen, so würde auch das Weiße seine Form verlieren.

Der oben begonnene Vers des Tao-Te-King geht so weiter:

»Daher auch der Weise:
Er wirkt ohne zu handeln,
er lehrt ohne zu belehren.
Ohne Widerstand werden die zehntausend Dinge,
ohne Widerstand lässt er sie werden.
Er zeugt, doch besitzt nicht
Er wirkt, doch verlangt nichts für sich.
Er vollendet, doch nimmt nichts mit.
Und weil er nichts nimmt, verliert er nichts.«

Der Taoist handelt also nicht, sondern lässt geschehen. Aber wie hat man sich das nun vorzustellen? Einer der zentralen Begriffe des Taoismus, der jedoch dem westlichen Denken ziemlich schwer begreiflich ist, ist *wu wei*, das Nicht-Handeln. Nicht-Handeln sollte man dabei nicht mit Ausruhen, Faulenzen oder Nichtstun gleichsetzen, auch wenn dabei möglicherweise eine ganz angenehme Philosophie herauskommt. Aber so banal ist es nun nicht. *Wu wei* ist *aktives* Nicht-Handeln, die Dinge »fließen« lassen, das tun, was zu tun ist, keine Gewalt (auch beispielsweise gegen die eigene Natur) einsetzen – dem Tao folgen.

Und schon wieder sind wir an die Grenze gestoßen, die die Sprache setzt. Das Tao ist nicht erklärbar. Das Tao-Te-King beginnt denn auch mit diesen Worten:

»Das aussprechbare Tao
ist nicht das unwandelbare Tao.
Der nennbare Name
ist nicht der unwandelbare Name.«

Das ist natürlich ein wenig schwierig, nicht nur für den westlichen Verstand. Woran soll man sich bei dieser Lehre denn nun halten? Aber diese Frage ist schon äußerst untaoistisch.

Nähern wir uns dem Tao einmal auf westliche Art und Weise (diese Näherung vergrößert allerdings die Distanz) und fragen nach der Bedeutung des Wortes »Tao«. Übersetzen könnte man Tao mit »Weg«, »Lauf der Natur«, aber auch »Vernunft«. Alles klar?

Wohl kaum.

Das Tao ist nicht zu analysieren. Erkennen kann man es dennoch: durch meditative Betrachtung der Natur. Sogar »lehren« kann man das Tao: allerdings nicht durch Erklärungen, sondern durch Paradoxa oder Poesie. (Eines dieser Paradoxa besteht darin, dass Lao Tse über 5000 Worte verwendet, um seine Lehre von der Wortlosigkeit zu verkünden.)

Im Tao-Te-King finden sich auch diese Zeilen:

»Wahre Worte sind nicht schön,
schöne Worte sind nicht wahr.
Menschen, die gut sind, überreden nicht,
Menschen, die nicht überreden, sind nicht gut.«

Eigentlich doch sehr schöne Worte …
Wer über das Tao spricht, kennt das Tao nicht. Wer fragt, was das Tao ist, hat das Tao nicht gehört. Es gibt nichts, was man über das Tao fragen könnte und keine Antwort.
Aber was ist nun das Tao?

Fragen Sie nicht!

So mancher wird sich fragen, ob Lao Tse denn überhaupt ein Philosoph war oder nicht vielleicht »nur« ein Dichter. Das ist keine dumme Frage. In der Tat unterscheidet sich die Art und Weise, wie Lao Tse über die Welt nachgedacht hat, sehr deutlich von dem, wie wir es von unseren westlichen Philosophen kennen. Lao Tse stand aber auch einem besonderen Problem gegenüber: Er wollte etwas über die Dinge sagen, über die man eigentlich nichts sagen kann, sondern die man nur irgendwie »fühlt«. Da sieht man leicht, wo die Schwierigkeit liegt. Kann man denn überhaupt etwas über das Unsagbare sagen?

Das Unsagbare sagen

»Worüber man nicht sprechen kann,
darüber muss man schweigen.«
(Ludwig Wittgenstein)

Wenn alle wesentlichen Dinge einfach mit Worten dargestellt werden könnten, wenn uns ein Weiser sagen könnte, was die Weisheit ist und wie wir zu ihr gelangen, sähe die Welt wohl anders aus. Unsere Sprachen sind jedoch zum rationalen Philosophieren nicht geeignet; die Bedeutungen sind unscharf, nicht eindeutig, zum Teil sogar widersprüchlich. Einige Philosophen waren sogar der Meinung, dass alle Probleme der Philosophie Scheinprobleme wären, die sich auflösen würden, wären nur die Bedeutungen der Wörter klar. Eine Klärung der Wortbedeutungen ist aber natürlich ein fruchtloses Unterfangen: Wie soll man Worte klären außer mit Worten?

Die Unschärfe der Wörter ist auch nicht eigentlich ein Mangel, sondern gerade ihre Stärke: Ein Wort fasst eine Gruppe von Gegenständen oder Bedeutungen zusammen. Sprache wäre unmöglich, hätte man für jeden einzelnen Gegenstand ein Wort – es gäbe so viele Worte wie Gegenstände. Ein Tisch bezeichnet beispielsweise eine ganze Gruppe von Möbelstücken mit bestimmten ungefähren Eigenschaften; wenn wir von einem Tisch sprechen, haben wir in der Regel keine Probleme, uns verständlich zu machen. Doch selbst ein so einfaches Wort wie »Tisch« – oder Platos »Idee« von einem Tisch – hat zwangsläufig Unschärfen.

Das wird klar, wenn man die einzelnen Charakteristika eines Tisches ihren Grenzbedingungen nähert. Ist ein Tisch, dessen Beine einen Zentimeter hoch sind, noch ein Tisch? Wenn die Beine vier Meter lang sind? Wie klein darf die Tischplatte sein, damit es sich noch um einen Tisch handelt? Wie sind eine hohe Bank und ein niedriger Tisch zu unterscheiden? Wäre ein Blech, das durch einen Magneten schwebend in Bauchhöhe gehalten wird, ein Tisch? Wäre ein Tisch auch dann noch ein Tisch, wenn er zusammenbräche, legte man einen Apfel darauf?

Trotzdem haben wir in der Regel kein Problem, einen Tisch zu erkennen, wenn wir einen sehen. Die Verschwommenheit ist ja gerade die Stärke: Wir können ganz unterschiedliche Gegenstände nach ihrer Form oder ihrer Funktion bezeichnen, um anderen eben das, was wir – ungefähr! – meinen, zu vermitteln.

Eine genauere Definition würde übrigens nichts bringen, da sie faktisch eine völlig neue Sprache schaffen und die Grenzfälle einfach undefiniert lassen müsste. Zudem wäre es auch unsinnig, beispielsweise eine Mindest- und Höchstgröße für die Tischfläche festzulegen: Es wäre doch kaum plausibel zu machen, weshalb dann eine Fläche, die einen Quadratmillimeter größer wäre, keine Tischplatte mehr sein sollte.

Es bleibt bei der Schwierigkeit, die Grenzfälle bieten. Nur die Grenzfälle sind problematisch. Die Philosophie ist ja aber gerade eine »Grenzfallwissenschaft«. Und sie hantiert auch selten mit so konkreten Dingen wie einem Tisch, sondern mit etwas weniger greifbaren Sachen, wie Gott, Unendlichkeit, Wahrheit, Gerechtigkeit, Leben, Sein und ähnlichem. Es dürfte wohl klar sein, dass die Unschärfen bei Worten wie Wahrheit, Seele oder Gerechtigkeit erheblich größer sind.

Deshalb ist es mit der Sprache auch nicht möglich, etwas Absolutes unmissverständlich auszudrücken. Auch das Absolute ist nicht absolut scharf.

Ein weiteres Problem mit der Sprache entsteht dann, wenn wir nichtlineare und mehrdimensionale Gedanken ausdrücken wollen, beispielsweise, wenn wir über Gefühle oder Empfindungen sprechen wollen, wenn wir sagen wollen, wie es ist, zwei Dinge gleichzeitig zu tun (natürlich können wir sagen: gleichzeitig – aber das Gleichzeitige wird in der

Sprache nacheinander vorgeführt). Oder wenn wir über das Tao sprechen wollen. Oder wenn wir über Dinge wie Quantentheorie, Teilchen-Welle-Dualismus, Raum-Zeit-Kontinuum sprechen. Natürlich können wir *analytisch* darüber sprechen, eins nach dem anderen, mathematisch kalkulierbar – aber eben nicht vorstellbar.

Die wesentlichen Dinge sind nicht durch die Sprache auszudrücken. Dazu ist sie nicht »gemacht« worden. Sprache ist aus pragmatischen Gründen entstanden: von Urlauten, die Warnungen ausdrückten, über immer komplexere Laute, die immer komplexere Situationen kennzeichneten – so lange, bis es funktionierte. Das Überleben hängt nicht davon ab, ob wir *genau* wissen, was ein Tisch oder eine »Seele« ist (oder ob es sie gibt).

»Man sieht nur mit dem Herzen gut. Die wesentlichen Dinge sind für das Auge unsichtbar«, meinte der Schriftsteller Antoine de Saint-Exupéry, der Schöpfer des »Kleinen Prinzen«.

Wie drücken wir dann die wesentlichen Dinge aus? Oder müssen wir tatsächlich über das schweigen, was wir nicht sagen können?

Schon im Alltag sprechen wir über unsere Gefühle deutlicher mit dem Körper als mit der Sprache. Aber wie ist es mit abstrakten philosophischen Begriffen? Können wir auch über sie sprechen? Kann man das Unsagbare sagen?

Tatsächlich tun ja Dichter genau das. Sie verwenden die Sprache nicht bezeichnend: Wenn ein Dichter von einem Sonnenaufgang spricht, geht es ihm nicht um die optische Erscheinung, sondern um das Empfinden beim Anblick eines Sonnenaufgangs.

Bei uns im Westen herrscht ein Denken vor, das das Exakte, Analytische und Lineare betont; mit dem Erfolg, dass wir unglaublich komplexe Maschinen bauen können, die Mathematik und Physik extrem verfeinert haben und für viele Probleme klar nachvollziehbare Handlungsstrategien angeben können. Doch ist fraglich, ob diese Verfeinerungen nicht in eine völlig falsche Richtung gehen: Ist vollkommene Exaktheit und Linearität das, worauf es uns tatsächlich ankommt? Wohin kann uns diese Art von Denken führen?

Die Grenzen des analytisch-eindimensionalen Denkens werden nicht nur in den klassischen philosophischen Problemen und beim Sprechen über Gefühle, Kunstwerke und Eindrücke deutlich, sondern immer mehr auch in der Domäne des westlichen Denkens, der Technologie.

Inzwischen dürfte es sich herumgesprochen haben, dass die Folgen von Eingriffen in komplexe Systeme, beispielsweise Ökosysteme, analytisch nicht absehbar sind. Zu viele Faktoren wirken gleichzeitig mit- und gegeneinander, stehen in Wechselbeziehung.

Allzu komplex muss es aber gar nicht werden, damit die Wissenschaft ihren eigenen Ansprüchen nicht mehr voll genügen kann.

Das erkennt man schon an dem berühmten »Drei-Körper-Problem«, nämlich die mathematische Aufgabe, für drei Körper (z.B. Planeten oder Atome), deren Anfangsbedingungen – Masse, Geschwindigkeit und Ort – bekannt sind, die Umlaufbahnen aus ihren gegenseitigen Anziehungen zu berechnen. Bei zwei Körpern ist dies kein Problem, doch schon bei drei Körpern gelingt es der Mathematik bis heute nicht, analytisch eine Lösung zu finden.

Dass manche Wissenschaftler immer noch dem Wahn anhängen, es könne exakte Wissenschaften vom Menschen, von seinen sozialen Beziehungen oder eine exakte Philosophie geben, ist schon erstaunlich, wenn doch mittlerweile klar sein müsste, dass es Exaktheit ohnehin nur in ganz extremen Sonderfällen (z.B. in der Mathematik) gibt.

Dem östlichen Denken sind dagegen ganzheitliche mehrdimensionale Denkweisen viel vertrauter als uns. Das führt natürlich zu Missverständnissen, wenn westliche Menschen östliche Gedanken nachvollziehen wollen. Die Gedanken werden sprachlich (in der Regel in einer Übersetzung!) übermittelt, ohne den Zusammenhang mit der Kultur und der dahinter stehenden Denkweise. Die Wörter wurden ganzheitlich verwendet, als sie geschrieben wurden; wenn sie gelesen werden, werden sie jedoch oft als »Tatsachenbeschreibungen« aufgefasst. Das führt natürlich zu allerlei Missverständnissen.

Beispielsweise bei den chinesischen Heilkünsten. Wenn in der »Atemgymnastik« Qi Gong von »Energien« die Rede ist, geht es nicht »tatsächlich« darum, dass irgendeine Art Strom fließt. Einen solchen »Strom« können die Naturwissenschaften natürlich nicht messen, was dann in der Folge zu allerlei unnützen Streitereien zwischen Naturwissenschaftlern bzw. der Schulmedizin auf der einen und westlichen Anhängern dieser Lehre auf der anderen Seite führt. Witzigerweise rührt der Streit vor allem daher, dass beide Parteien sich auf »tatsächliche« Gegebenheiten beziehen. Die Anhänger »feinstofflicher«, immaterieller »Kräfte« begehen hier einen »Übersetzungsfehler«. Und die Wissenschaftler stürzen sich dann natürlich gerne auf die Widersprüche zu den wohl begründeten wissenschaftlichen Erkenntnissen.

Wenn im Qi Gong vorgeschrieben wird, die Energie mit dem Atem in den Bauch zu lenken und von dort die Wirbelsäule hinauf in den Kopf, so wird jedem einleuchten, dass wohl kaum die Luft »tatsächlich« in den Bauch, die Wirbelsäule, den Kopf strömt. (Falls doch, ist ein Arztbesuch zu empfehlen.) Was aber hat es mit der »Energie« auf sich? Geht es tatsächlich um eine immaterielle, »feinstoffliche« Substanz, die da fließt?

Was passiert denn, wenn man der Übung folgt? Man lenkt seine Konzentration auf bestimmte Stellen des Körpers, was bestimmte neurologische, hormonale und muskuläre Reaktionen auslöst, die eine positive Gesamtwirkung haben. Es wären wohl jahrzehntelange Forschungen nötig, um alle Einzelvorgänge wissenschaftlich zu erfassen – doch selbst dann wäre der Gesamtvorgang nicht erfasst und schon gar nicht nachzuvollziehen. Aber es ist im Übrigen völlig gleichgültig, welche *analytische* Sichtweise eingenommen wird; auch wenn »feinstoffliche Ströme« »tatsächlich« fließen – es geht einfach gar nicht darum!

Im östlichen Denken steht das Ganzheitliche im Vordergrund. Dabei werden dann auch Vorgänge beschreibbar, die einer analytischen Vorgehensweise völlig unzugänglich sind.

Mit »Mystik« hat das nichts zu tun. Die oft gehörte Behauptung, dass das westliche Denken rationaler sei (egal ob das nun positiv oder negativ gemeint ist) trifft einfach nicht zu. Es ist lediglich analytischer. Dass es rational ist, die Umwelt zu zerstören und nach immer mehr Besitztümern zu streben, mag man doch bezweifeln.

Man kann das Unsagbare sagen, nur muss der, der

es hört, sich auch darüber im Klaren sein, dass die Worte sich nicht auf Tatsachenbeschreibungen beziehen. Es ist ja nun nicht so, dass uns das völlig unbekannt wäre; die ganze Dichtung beruht ja darauf.

Die westliche Philosophie tut sich indes mit dieser Vorgehensweise größtenteils ziemlich schwer. Deshalb auch das äußerst schwer verständliche Kauderwelsch der meisten Philosophen des Westens.

Im Taoismus dagegen wird ein ganzheitliches Konzept deutlich. Die Paradoxa und Widersprüche in den Texten sind *analytisch betrachtet* Paradoxa und Widersprüche – das heißt aber natürlich nicht, dass sie sich überhaupt irgendwie »auflösen« ließen, es sind und bleiben Widersprüche: Es geht eben nicht darum, den Texten »Sinn« zu entnehmen! Die Worte sollen Bilder auslösen, die dann zu einer Art bildhaftem Verständnis führen. Aber auch diese Art von Verständnis unterscheidet sich von dem »statischen« Verständnis, zu dem man durch Analyse gelangt. Das Verständnis gleicht vielmehr einem stetigen Prozess; es ist ein lebendes Verständnis.

Hinter der östlichen Art des Verständnisses steht eine tiefe Rationalität – keine Mystik. Unserem Bedürfnis nach Sicherheit kommt der Taoismus nicht entgegen. Statt absoluter Sicherheit haben wir es mit einem sich ständig verändernden Betrachten zu tun, dem mit analytischen Überlegungen, aber auch mit mystisch verbrämtem Irrationalismus nicht näher zu kommen ist. Oder wie Lao Tse im Tao-Te-King schreibt:

»Legt ab die Heiligkeit, befreit euch vom Wissen, so wird dem Menschen hundertfacher Nutzen.«

Sokrates

»Wen das Wort nicht schlägt,
den schlägt auch der Stock nicht.«
(Sokrates)

Auch Sokrates, vielleicht der berühmteste aller Philosophen, hat davon abgesehen, seine Überlegungen in schriftlicher Form weiterzugeben. Ein Hinweis mehr darauf, dass die Liebe zur Weisheit nicht durch ein paar Schriftzeichen zu vermitteln ist. Allerdings hat das natürlich auch den Nachteil, dass alles, was wir über ihn wissen, aus zweiter Hand stammt. Am fleißigsten in dieser Hinsicht war wohl *Platon*, sein berühmtester Schüler. Da dieser jedoch die Unsitte übte, in seine Berichte über Sokrates seine eigenen Gedankengänge einzubauen, streiten sich die Gelehrten bis heute, wie Sokrates nun wirklich gelebt und gedacht hat. Aber lassen wir uns von solchen Kleinlichkeiten nicht ablenken und beginnen wir dort, wo es immer beginnt: bei der Geburt …

Am sechsten Tage des Monats Targelion, unter dem Archontat des Asephios, dem Geburtstag der Göttin

Artemis, wurde dem athenischen Bildhauer So-
phroniskos und seiner Frau, der Hebamme Phaina-
rete, ein Knabe geboren. Bevor Sie nun im Lexikon
zu blättern beginnen: Es war das Jahr 470 v. Chr.
und der Knabe – sicherlich haben Sie es schon erraten – Sokrates.

Wie es so üblich war, erlernte der Junge zunächst
einmal das Handwerk seines Vaters; er wurde Bildhauer. Und vielleicht nicht einmal ein schlechter.
Immerhin sollen die auf der Akropolis aufgestellten
Bildnisse der Chariten – so eine Art Hilfsgöttinnen,
die später bei den Römern *Grazien* hießen – von
Sokrates' Hand stammen.

Die Geschäfte seines Vaters schienen recht gut zu
gehen, denn als seine Eltern starben, hinterließen
sie ihrem Sohn ein Vermögen, das es ihm gestatte-
te, finanziell unabhängig, wenn auch bescheiden zu
leben. Es reichte sogar, um zu heiraten. Die Dame,
die er ehelichte, wurde beinahe so bekannt wie er
selbst; wahrscheinlich ist sie sogar die berühmteste
aller Philosophenfrauen: Xanthippe.

War sie wirklich so zänkisch, wie es die Legende
will? Irgendetwas wird schon dran sein: kein Wunder, denn Sokrates hielt wohl nicht viel von gere-
gelter Arbeit. Er fühlte sich zum Philosophieren berufen – schon damals kein einträglicher Job.

Xanthippe also ist eine richtige Xanthippe: Wenn er
zu Hause ist, schimpft sie, wenn er ausgeht, um mit

Freunden und Fremden zu diskutieren, zetert sie, und als er einmal vor seinem Haus steht und mit Freunden spricht, gießt sie ihm einen Kübel Abspülwasser über den Kopf. Der Philosoph nimmt's gelassen.

Als ihn einmal jemand fragt: »Sokrates, soll ich heiraten oder nicht?«, antwortet er: »Was du auch tust – du wirst es bereuen!«

Ein Schönling ist Sokrates wahrlich nicht: Die zahlreichen Büsten, die von ihm erhalten sind, zeigen einen untersetzten Mann mit zerzaustem Bart, Halbglatze und Plattnase. Selbst sein Schüler Alkibiades, der geradezu in ihn verliebt ist, sagt: »Ich behaupte, dass er ziemlich dem Satyr Marsyas gleicht …« (Falls Sie noch nie einen Satyr getroffen haben, lassen Sie sich gesagt sein: Ein Kompliment für Schönheit ist dies nicht gerade.) Umso schöner ist jedoch sein Inneres, und die aristokratische Jugend Athens folgt dem unansehnlichen Philosophen.

Bevor auch wir Sokrates nach Athen folgen und seinen Gesprächen lauschen, gibt es noch einiges zu erwähnen, was man wohl nicht unbedingt mit Weisheit in Verbindung bringt, beispielsweise den Krieg. Athen war zu jener Zeit immer wieder in Kriegshandlungen verstrickt. Und Sokrates, als Bürger von Athen, nahm an drei Feldzügen teil. Nun konnte man Sokrates, wenn er auch nicht gerade ein fleißiger Arbeiter war, kaum einen Schwächling nennen. Er war nicht nur geistig, sondern auch körperlich ziemlich fit. Jeden Tag trieb er Gymnastik und härtete sich ab.

Im Krieg – wenn auch nicht nur dort – zahlte sich das aus. Erstaunliches wird von dem Soldaten Sokrates (er zieht als einfacher *Hoplit*, also Fußsoldat, mit) erzählt. Nicht nur erträgt er alle Strapazen ohne Murren, geht barfuß durch Schnee und Eis und lässt sich durch stundenlanges Marschieren nicht ermüden. Er soll auch außergewöhnlich mutig gewesen sein. Als eine Schlacht verloren ist und alle seine Kameraden kopflos die Flucht ergreifen, ist er der Einzige, der aufrecht und ruhig neben dem Feldherrn geht und dabei aufmerksam nach Freund und Feind Ausschau hält. Alkibiades und Xenophon rettet er in der Schlacht sogar das Leben.

Doch ob nun Krieg oder Frieden: Sokrates kann das Philosophieren nicht lassen. Seine Art des Philosophierens findet nicht im stillen Kämmerlein statt, sondern vor allem im Gespräch mit den Menschen. Immer sucht er nach jemandem, der mehr weiß als er selbst – wie sollte er sonst etwas lernen. Allerdings: Es sieht eigentlich kaum jemals so aus, als wüssten die anderen tatsächlich mehr.

Nun, Sokrates ist, wie gesagt, gerade auf einem Feldzug und beginnt über die Tapferkeit nachzudenken. Dazu nimmt er sich einen Experten vor – den Feldherrn Laches.

Sokrates: Laches, was ist Tapferkeit?
Laches: Bei Zeus, das ist doch ganz einfach. Wenn ein Soldat beim Angriff des Feindes stehen bleibt und nicht flieht, ist er tapfer.
Sokrates: Oh, ich sehe schon. Ich habe mich nicht klar ausgedrückt. Aber was ist mit den berittenen Soldaten, die mal vorstürmen, mal zurückweichend kämpfen?
Laches: Ja, auch diese sind tapfer.
Sokrates: Also kann auch im Zurückweichen Tapferkeit sein.
Laches: Allerdings.
Sokrates: Was aber ist nun das Eigentliche an der Tapferkeit?
Laches: Mir scheint, man könnte sagen, eine gewisse Beharrlichkeit der Seele.
Sokrates: Jede Beharrlichkeit? Du rechnest doch die Tapferkeit zu den Tugenden?
Laches: So ist's. Eine der vortrefflichsten sogar.
Sokrates: Beharrlichkeit mit Verstand ist also eine große Tugend.
Laches: Allerdings.
Sokrates: Doch aber nicht Beharrlichkeit im Unverstand?
Laches: Keinesfalls!

Sokrates: Nur die verständige Beharrlichkeit ist also deiner Ansicht nach Tapferkeit.

Laches: Ja.

Sokrates: Wie nun, wenn jemand verständig im Umgang mit Geld ist und seine Geschäfte beharrlich führte, sodass sie ihm Gewinn eintragen: Möchtest du diesen tapfer nennen, o Laches?

Laches: Bei Zeus, das will ich nicht!

Nach einer Weile kommt noch Nikias, ein anderer berühmter Feldherr, dazu. Immer neue Definitionen der Tapferkeit versuchen sie zu finden, doch keine kann Sokrates' Fragen standhalten. Das Gespräch endet, indem Sokrates feststellt: »Wir haben also nicht gefunden, was die Tapferkeit ist.«

Aber Sokrates ist kein Besserwisser – ganz im Gegenteil. Er selbst stellt keine Behauptungen auf, sondern fragt nur. Über sein eigenes Wissen sagt er sogar: »Ich weiß, dass ich nichts weiß.«

Das ist nun nicht unbedingt Bescheidenheit. Er meint sogar: »Im Fortgehen dachte ich mir, dass ich wohl doch mehr weiß als jener. Keiner von uns scheint zu wissen, was das Gute und was das Rechte sei. Jener jedoch glaubt zu wissen und weiß doch nicht; ich jedoch, der nichts weiß, glaube auch nicht, etwas zu wissen – also scheine ich doch um ein Geringes wissender zu sein als jener, da ich nicht zu wissen glaube, was ich nicht weiß.«

Nach dem Krieg stößt Sokrates etwas Unerwartetes zu. Athens Einwohnerzahl ist durch den Krieg stark reduziert, und es wird beschlossen, dass jeder Bürger mit zwei Frauen Kinder haben solle. Sokrates folgt seufzend dem Gesetz und nimmt eine weitere Frau, die junge Myrto, die ihm später zwei Kinder gebiert; einen Sohn hat er bereits von Xanthippe.

Nicht nur im Krieg erweist sich Sokrates als tapfer, sondern auch im politischen Leben. Einmal wird er zum Ratsherrn gewählt. Gerade als er Vorsitzender ist, sollen neun Feldherren – gegen das Gesetz – zum Tode verurteilt werden. Doch Sokrates weigert sich. Das Volk zürnt ihm, und auch die Mächtigen sind sauer, doch Sokrates lässt sich nicht einschüchtern. Wahrscheinlich wäre er schon damals umgebracht worden, wäre nicht kurz darauf die Regierung aufgelöst worden.

Mit seiner Gerechtigkeitsliebe und seiner Suche nach der Wahrheit macht sich Sokrates also nicht nur Freunde.

Tatsächlich sucht er – im Gegensatz zu seinen Vorgängern, den *Sophisten* – nach Wahrheit. Seine Methode, der Wahrheit näher zu kommen, ist das Fragen. Er selbst kennt die Wahrheit zwar nicht, aber er erkennt, dass die Menschen mit denen er spricht, sie ebenfalls nicht kennen. Und das bringt er ihnen nahe – näher, als vielen lieb ist. Da er auf diese Weise die Erkenntnis nicht seinen Gesprächspartnern aufdrängt, sondern sie, wie eine Hebamme das Kind, aus ihnen herausholt, nennt man seine Methode »Mäeutik« – Hebammenkunst. (Vielleicht wurde er ja tatsächlich von seiner Mutter dazu inspiriert?) Aber nicht immer wollen die Leute entbunden werden …

Sokrates wandert also durch die Straßen von Athen, stellt auf dem Marktplatz erleichtert fest: »Wie zahlreich sind doch die Dinge, derer ich nicht bedarf!«, und beginnt mit jedem, der sich von ihm aufhalten lässt, Gespräche über die Götter und die Welt. Bei der Wahl seiner Gesprächspartner macht Sokrates keine Unterschiede: ob Feldherr, Adliger oder Handwerker, keiner ist vor ihm sicher. Nicht selten sind die Athener auch sauer, wenn er ihnen einmal wieder ihre eigene Unwissenheit vorgeführt hat. Er soll sogar mitunter verprügelt worden sein. Der durchschnittliche Athener Bürger versteht Sokrates eben nicht. Man sieht seine Reden als Spitzfindigkeiten, Phrasendrescherei und Quengeleien an, da er, nachdem er die Unwissenheit seiner Gesprächspartner aufgedeckt hat, zugibt, selbst nichts zu wissen. Nicht einmal die Dichter zeigen viel Verständnis für Sokrates' Suche nach der Wahrheit: Der große Komödiendichter *Aristophanes* lässt Sokrates als eine Art Witzfigur in seinem Stück *Die Wolken* auftreten und nennt ihn dort »Priester des kniffligen Wortes« und »Erhabenheitsschwätzer«.

Wenn auch all dies wenig schmeichelhaft ist, so ist es doch nicht so folgenreich wie die Behauptung, dass Sokrates die Götter lästere und die Jugend verführe. Mit seinen Fragen nach Gerechtigkeit und Tugend macht er sich den Mächtigen verdächtig. Seine Fragen nach dem Wesen der Götter werden als Versuch betrachtet, die Religion zu zersetzen, und da er ein Nichtstuer ist und seine Schüler ihm folgen, verdirbt er die Jugend Athens. Beide Anklagen stehen natürlich auf tönernen Füßen, und es wurde wohl erwartet, dass sich Sokrates mit einer guten Verteidigungsrede aus der Schlinge zieht.

Weit gefehlt! Mit seiner berühmten Verteidigungsrede, der »Apologie«, wie sie Platon festgehalten hat, bringt er die Richter nur noch mehr gegen sich auf.

Der Prozess lief etwa so ab: Die Ankläger (also sozusagen die »Staatsanwälte«) hielten ihre Reden. Dann hielt Sokrates seine erste Verteidigungsrede. In dieser Rede verteidigt er sich nicht nur gegen die Anklage, sondern rechtfertigt seine gesamte Art und Weise zu leben. Er denkt gar nicht daran, um Nachsicht zu bitten, und so wird ihm auch keine gewährt: Die 500 Richter sprechen ihn schuldig. In der zweiten Phase des Urteils geht es um das Strafmaß. Dabei darf der Angeklagte selbst für ein Strafmaß plädieren. Sokrates plädiert für eine öffentliche Ehrung und Speisung. Das Gericht ist aufgebracht über diese Unverfrorenheit und verurteilt ihn zum Tode. Im letzten Teil der Apologie hält Sokrates ein Schlusswort, in dem er erklärt, der Tod sei durchaus positiv zu bewerten: Entweder man hat keine Empfindung mehr und ist somit allen Leids und aller Sorgen enthoben, oder man kommt an einen anderen Ort, wo die Verstorbenen weilen. Das, meint Sokrates, wäre ja nun eine »unbeschreibliche Glückseligkeit«, wenn man mit Odysseus und Homer und anderen interessanten Menschen zusammenkäme. Letztendlich merkt er noch ironisch an, dass man dort wohl nicht für Fragen hingerichtet würde.

Sokrates wird also zum Tode verurteilt, und seine Freunde wollen ihn zur Flucht überreden; ja vielleicht ging sogar das Gericht selbst davon aus, dass er diese Möglichkeit wählen würde. Doch Sokrates lehnt ab. Nicht etwa aus Resignation oder aus Angst, sondern weil er meint, dass die Flucht seine Art zu leben ändern würde – gerade dies will er aber auf keinen Fall. Der Philosoph ist nun immerhin schon 70 Jahre alt. Es liegt der Gedanke nahe, dass er es ganz bewusst darauf angelegt hat, zum Tode verurteilt zu werden. Vielleicht war ihm auch klar, dass er gerade durch seinen Tod unsterblich werden würde.

Er ist also zum Tode durch den Giftbecher verurteilt. Am frühen Morgen kommen noch einmal die

Freunde, um mit ihm zu sprechen. Auch seine beiden Frauen Xanthippe und Myrto und seine drei Kinder kommen ins Gefängnis zu Besuch – die schickt er aber bald wieder fort.

Den ganzen Tag lang unterhält er sich auf gewohnte Art und Weise mit seinen Freunden. Als es Abend wird, lässt er den Giftbecher kommen. (Der berühmte »Schierlingsbecher«; doch die Art und Weise, wie Sokrates gestorben sein soll – ruhig und ohne Krämpfe – spricht eher gegen eine Schierlingsvergiftung.)

Auf die Frage seiner Freunde, wie sie ihn beerdigen sollen, antwortet er lächelnd: »Wie ihr wollt – wenn ich euch denn nicht entwischt bin!« Schließlich ist Sokrates Leichnam nicht Sokrates. So versucht er seine Freunde zu trösten. Dann trinkt er das Gift. Kurz darauf stirbt der berühmteste aller griechischen Philosophen im Jahre 399 vor unserer Zeitrechnung, 70-jährig, an Gift und der Angst seiner Mitbürger vor dem Nachdenken.

Für Sokrates scheint charakteristisch zu sein, dass er ständig auf der Suche nach der Wahrheit war. Damit unterschied er sich schon einmal deutlich von einigen zeitgenössischen Kollegen, den *Sophisten*, einer Art herumreisender Philosophielehrer, die rhetorische Tricks unterrichteten und die Ansicht vertraten, absolute Wahrheit gäbe es überhaupt nicht. Sokrates lehnte die Lehre der Sophisten natürlich kategorisch ab und suchte eifrig weiter nach der Wahrheit – allerdings ohne sie zu finden. Suchte er nun einfach an der falschen Stelle? Oder gibt es in Wahrheit gar keine Wahrheit?

Wie sehen Sie die Sache? Überlegen wir uns doch einmal, was Wahrheit denn eigentlich sein soll.

Was ist Wahrheit?

»Was dunkel ist, ist hell,
was trüb ist, das ist klar,
was langsam ist, ist schnell
doch was wahr ist, das ist wahr.«
(James Thurber)

Nicht nur Richter, sondern auch Philosophen sind daran interessiert, was denn die Wahrheit sei. Letztere beschäftigen sich dann auch noch damit, ob es so etwas wie Wahrheit überhaupt gibt.

Ist es nicht etwas albern, sich darüber zu streiten, ob es »Wahrheit« gibt? Vielleicht ist es mehr oder weniger schwer, herauszufinden, was die Wahrheit ist, doch »im Prinzip« muss etwas wahr sein, oder eben nicht. Man weiß es im Einzelfall vielleicht nicht und wird es vielleicht auch nie wissen – aber etwas kann ja nicht wahr und falsch zugleich sein. Oder?

Bestimmt sind Ihnen sogleich Beispiele für Aussagen eingefallen, bei denen es fraglich erscheint, ob entscheidbar ist, ob sie wahr oder falsch sind. »Rot ist eine schöne Farbe« – wahr oder falsch? »Wenn Pferde fliegen könnten, hätte sich die Luftfahrt nicht entwickelt« – wahr oder falsch? »Dieser Satz ist falsch« – wahr oder falsch? »Ein Tannenzapfen, der im Wald zu Boden fällt, erzeugt ein Geräusch, auch wenn es niemand hört« – wahr oder falsch?

Das sind bereits einige ganz unterschiedliche Beispiele, die zeigen, dass es mit der Wahrheit so leicht nicht ist.

Wie ist es denn mit Aussagen wie »rot ist schön«? Über Geschmack lässt sich nicht streiten, heißt es. (Ist das wahr? Mitunter scheint es, als ob man sich darüber am allerbesten streiten kann …) Kann man also für Empfindungen kein Wahr oder Falsch angeben? Sind solche Aussagen prinzipiell unentscheidbar?

Zumindest gibt es die Worte »schön« und »hässlich«, die sich auf etwas beziehen. Der Sprachgebrauch ist natürlich flexibel, aber nur innerhalb gewisser Grenzen. Wenn ich beispielsweise das Wort »Auto« verwende, um das zu bezeichnen, was andere Menschen einen »Bleistift« nennen, werde ich Probleme bekommen. Wenn ich ein solches Schreibgerät in die Hand nehme und behaupte, das sei ein Auto, wäre diese Aussage in den Augen aller anderen Menschen schlicht und einfach falsch. Um nun auf die Wahr- oder Falschheit der Aussage »rot ist schön« zurückzukommen: Man befragt eine repräsentative Stichprobe von Menschen, ob sie rot schön finden; falls sich die Mehrheit dafür ausspricht, *ist* rot schön und die Aussage wahr.

Höchstwahrscheinlich sind Sie von dieser Methode der Wahrheitsfindung nicht gerade begeistert. Irgendwie widerspricht sie dem, was man als das Wesen der Wahrheit ansieht. Etwas, das wahr ist, sollte ja für alle Menschen und nicht nur für einige wahr sein. Wahrheit ist unabhängig von Zustimmung, etwas kann wahr sein, auch wenn es niemand erkennt.

Das mit der Wahrheit ist also esoterischer, als man vielleicht auf den ersten Blick annehmen mag.

Betrachten wir uns noch kurz die anderen Beispiele, bei denen der Wahrheitsbegriff problematisch ist.

»Wenn Pferde fliegen könnten, hätte sich die Luftfahrt nicht entwickelt.« Diese Aussage klingt in gewisser Weise, wenn auch nicht sonderlich realistisch, so doch folgerichtig. Aber ist sie wahr? Wir können uns sicherlich darauf einigen, dass es nicht wahr ist, dass Pferde Flügel haben (zumindest heute, in der griechischen Mythologie gibt es da andere Ansichten). Aber das ist ja nicht die Aussage; es ist nichts darüber gesagt, *ob* Pferde Flügel haben, sondern nur etwas über die Konsequenzen, *wenn* sie Flügel hätten (was ja, wie gesagt, nicht der Fall ist). Logisch gesehen ist eine »wenn«-Aussage, bei der das erste Element kontrafaktisch ist, *immer* richtig.

Das klingt auf den ersten Blick (Ohrenblick) merk-würdig. Wie ist es beispielsweise mit dem Satz: »Wenn ich ein Elefant wäre, könnte ich fliegen.« Nun, ich bin – soweit ich weiß – kein Elefant. Und fliegen kann ich auch nicht. Die Aussage ist also durchaus konsistent. Das Problem besteht darin, dass wir auf das Wort »wenn« mit einem inneren Bild reagieren, das wir dann vorläufig als eine Art alternative Realität betrachten: Und in dieser Alter-nativrealität fliegen Elefanten ebenfalls nicht.

Aber »Wenn ich ein Elefant wäre …« – wäre ich dann noch ich?

Kontrafaktische wenn-Aussagen sind also immer logisch wahr. Sie haben auch immer dieselbe Aus-sage: Angenommen, das Unmögliche ist möglich, ist auch ein beliebiges Anderes möglich.

Eine der interessantesten Variationen von Sätzen, bei denen das Problem der Wahrheit auftaucht, ist die Gruppe der selbstbezüglichen Sätze, wie z.B. »Dieser Satz ist falsch.« Nun, Sie kennen wahr-scheinlich einige »Paradoxa«, die in dieser Art und Weise aufgebaut sind.

Ist der Satz nun wahr? Wenn er wahr wäre, wäre er laut seiner Aussage (die ja wahr sein soll) falsch. Dann ist er also falsch? Nein, denn wäre er falsch, wäre die Aussage: Es ist falsch, dass dieser Satz falsch ist. Er ist also wahr. Und so weiter …

Das wirklich Interessante an solchen Sätzen ist, dass man schnell sieht: Es ist nicht nur *praktisch* unmöglich zu sagen, ob der Satz wahr oder falsch ist, sondern es ist *prinzipiell* unmöglich.

Man kann die Sache auch noch weitertreiben und beispielsweise einen Satz konstruieren, den ein bestimmter Mensch für falsch halten muss, während ihn alle anderen für wahr halten. Können Sie sich das vorstellen? Nun, hier ist so ein Satz:

»Fritz kann diesen Satz nicht widerspruchsfrei für wahr halten.«

Würde Fritz den Satz für wahr halten, träte ein Widerspruch auf: Dann hielte er es nämlich für wahr, dass er diesen Satz nicht für wahr halten kann. Meint er dagegen, der Satz sei falsch, so ergibt sich kein Widerspruch. So weit, so gut; dann ist der Satz eben falsch. Falsch! Denn jeder andere (nur Fritz nicht, wie der Satz ausdrücklich betont) *kann* den Satz für wahr halten, ohne sich in Widersprüche zu verheddern.

Die letzte Aussage: »Ein Tannenzapfen, der im Wald zu Boden fällt, erzeugt ein Geräusch, auch wenn es niemand hört«, werden wohl die meisten Menschen für wahr halten. Aber warum eigentlich? Es ist ja in diesem Fall nicht nur praktisch unmöglich, die Wahrheit festzustellen, sondern prinzipiell: Der Satz schließt die Möglichkeit ja *per definitionem* aus: dass niemand es hört, ist ja die Bedingung – ziemlich unfair von dem Satz. Auf dieser Ebene erweist sich der Satz natürlich als ziemlich plumper Trick, geheimnisvoll zu klingen.

Aber es steckt mehr dahinter, nämlich die Frage danach, ob etwas wahr sein kann, ohne dass jemand darum weiß. Ist Wahrheit eine Eigenschaft der Dinge?

All das scheint für das alltägliche Leben nicht sonderlich bedeutsam zu sein. Deshalb zum Schluss unserer Überlegungen zur Wahrheit noch ein lebensnahes Beispiel.

Herr Maier bespricht nach Geschäftsschluss mit seiner Kollegin Frau Müller noch einige geschäftliche Angelegenheiten in einer netten Bar. Beide trinken ein wenig zu viel, und es wird ziemlich spät. Beschwipst wanken beide zu Frau Müllers Wohnung, die gleich um die Ecke liegt. Frau Müller begibt sich in ihr Bett, Herr Maier macht sich's auf der Couch bequem. Am nächsten Morgen – es ist Samstag – eilt Herr Maier, nunmehr nüchtern, nach Hause, wo ihn seine Frau erwartet, mit den Worten: »Sag mir nur, ob du bei einer anderen Frau warst – Ja oder nein?«

Auf den ersten Blick scheint es einfach festzustellen, welche Antwort die Wahrheit wäre. Ja – denn er war ja bei einer anderen Frau, Frau Müller nämlich. Das ist die Wahrheit, die Herr Maier kennt.

Doch, was geschieht, wenn er »Ja« sagt? Was ist Frau Maiers Wahrheit? Ja, er war bei einer anderen Frau, heißt ja nicht nur – für Frau Maier –, dass er anwesend, sondern auch, dass er intim mit der Dame war. »Ja« bedeutet also (für Frau Maier), dass Herr Maier ihr untreu war – was ja nun nicht der Wahrheit entspricht.

Sagt er hingegen: »Nein«, so ist das zwar nicht in seinem Erleben die Wahrheit, dafür aber ist die Vorstellung, die das »Nein« bei seiner Frau auslöst, näher an dem, was wirklich geschehen ist.

Es ist wie bei Menschen, die unterschiedliche Sprachen sprechen: Wenn der andere meine Sprache nicht versteht, muss ich seine Sprache sprechen, wenn ich ihm etwas sagen will. Zum Beispiel muss ich, wenn ich einem Japaner sagen will, dass ich *nie* rauche, sagen, dass ich *ima (jap. nie)* rauche …

So haben wir also – wie Sokrates und seine Opfer – die Wahrheit nicht gefunden. Oder wie der Dichter Xenophanes bereits hundert Jahre vor Sokrates schrieb:

»Sichere Wahrheit erkannte kein Mensch und wird keiner kennen

über die Götter und all jene Dinge, von denen ich
spreche.
Sollte einer auch einst die vollkommenste Wahrheit
verkünden –
wissen könnte er's nicht:
Es ist alles durchwebt von Vermutung.«

Aristoteles

»Wer recht erkennen will, muss zuvor in rechter
Weise gezweifelt haben.«
(Aristoteles)

Wenn man etwas über den Ursprung des westlichen Denkens erfahren möchte, ist es eine gute Idee, sich einmal mit Aristoteles zu beschäftigen. Er ist einer der drei Männer, die unsere Kultur entscheidend geprägt haben (die anderen beiden sind Platon und Jesus von Nazareth). Ob zum Guten oder zum Schlechten, mag jeder selbst entscheiden, doch ohne diese drei hätte der Westen, ja sogar unsere Art zu denken, mit Sicherheit einen ganz anderen Weg genommen.

Kennen Sie Stagcira? Nicht? Macht nichts – auch damals kannte kaum jemand diese provinzielle Kleinstadt in Thrakien, dem Norden des heutigen Griechenland. Aber genau dort wurde im 384. Jahr vor unserer Zeitrechnung der kleine Aristoteles geboren (deshalb nennt man ihn in Philosophenkreisen auch mitunter »den Stagiriten« – etwa so, wie Boris Becker »der Leimener« oder Jesus C. »der Na zarener« ist). Adelig war er nicht, aber seine Familie gehörte durchaus zu den angesehensten im Ort. Sein Vater war nämlich Arzt, aber nicht irgendein Pillendreher, sondern der »Leibarzt des makedonischen Königshauses«. Diese Verbindung sollte später noch wichtig werden.

Wie es ja sogar heute noch manchmal üblich sein soll, plante der Vater seinen Sohn als seinen Nachfolger ein. So weit kam es dann jedoch nicht – ein Orakelspruch machte ihm einen Strich durch die Rechnung: Der junge Aristoteles wollte unbedingt ins geistige Zentrum der damaligen westlichen Welt, nach Athen. Die Familie befragt also das örtliche Orakel – das steht auf der Seite des wissensdurstigen Jünglings und erteilt den Rat, Aristoteles solle nach Athen gehen und dort die Philosophie studieren.

Als 17-jähriger macht sich Aristoteles also auf den Weg und tritt in die Philosophenschule des berühmten Platon ein. Platon ist bereits über sechzig und hat eine große Zahl von Anhängern, und auch Aristoteles verehrt den Meister, doch schon bald zeigt sich, dass er nicht nur einer der vielen Schüler, sondern etwas ganz Besonderes ist. Aristoteles hat seine ganz eigenen Ideen und Gedanken, die sich zum Teil beträchtlich von denen seines Lehrers unterscheiden. Die Differenzen waren aber niemals so groß, dass es zum Bruch kam, und Aristoteles verehrte

Platon bis an sein Lebensende, auch wenn er sich immer weiter von dessen Lehren entfernte.

Von Gestalt und Gehabe sieht man Aristoteles den großen Denker und das Genie wirklich nicht an: Er ist eher klein, schwach auf den Beinen, magenkrank und lispelt ein wenig. Überdies interessiert er sich für modische Kleidung, liebt schönen Schmuck, insbesondere Fingerringe und legt großen Wert auf die Haarpflege. Den weltlichen Gütern ist er auch nicht gerade abgeneigt; er schreibt später sogar, dass ein gewisses Maß an Besitztümern zur Glückseligkeit gehöre. Und zum Glück hat er ja einen reichen und großzügigen Vater.

Es ist schon erstaunlich, dass Aristoteles solange bei den Platonikern blieb, die geradezu aufdringlich tugendhaft und asketisch waren; er war nämlich nicht nur Schüler, sondern blieb dann auch etliche Jahre als Lehrer an Platons Akademie. Nach zwanzig Jahren – Aristoteles war nun immerhin schon 37 Jahre alt – starb Platon. Eigentlich hätte jetzt sein genialer Schüler Aristoteles die Nachfolge des Meisters antreten sollen, doch Speusippos (eine graue Maus, dafür aber ein Neffe Platons) wurde erwählt. Verständlicherweise war Aristoteles sauer und verließ die Akademie.

Zunächst einmal suchte er einen alten Freund und Mitschüler auf, der in Kleinasien (der heutigen Türkei) lebte. Hermaios hatte inzwischen politische

Karriere gemacht und herrschte als Fürst in Assos. Bei ihm fand Aristoteles herzliche Aufnahme, und auch dessen Adoptivtochter Pythias war dem Philosophen zugeneigt – so sehr, dass sie ihn schließlich heiratete. Die Freundschaft mit Hermaios nahm ein trauriges Ende, als die Perser einfielen und den Fürsten kreuzigten.

Aristoteles hatte jedoch sofort einen neuen Job: Der König von Makedonien, Philipp, berief ihn an seinen Hof in Pella, der Hauptstadt Makedoniens, um sein Söhnlein zu erziehen. Dieser Sohn war zu diesem Zeitpunkt gerade einmal 13 Jahre alt, und noch niemand konnte ahnen, dass er einmal Alexander der Große genannt werden würde. Fünf Jahre später folgte Alexander bereits seinem Vater auf den makedonischen Thron.

Aristoteles kehrte im Alter von 49 Jahren nach Athen zurück und eröffnete dort seine eigene Schule, das Lyzeum.

Das Gebäude, in dem sich Aristoteles und seine Schüler versammeln, ist eine Säulenhalle, in der die Philosophen diskutierend umherwandeln. Deshalb nennen die Athener die Schüler des Aristoteles auch die »Peripatetiker«, was nichts anderes bedeutet als »die Spaziergänger«, aber viel wichtiger klingt.

Hier nun beginnt die aktivste Phase im Leben des Aristoteles. Er schreibt und schreibt – es sollen insgesamt 445 270 Zeilen in mehreren hundert Werken gewesen sein. Wenn er nicht schreibt, denkt er nach, forscht und sammelt Wissen. Unter anderem legt er sich eine riesige Privatbibliothek zu, eine umfangreiche Pflanzensammlung, Exemplare von Tieren aus allen damals bekannten Teilen der Welt sowie sämtliche Staatsverfassungen, die er bekommen kann – immerhin 158.

Aristoteles wollte alles wissen, was es zu wissen gab. *Wissenschaften* im heutigen Sinne gab es jedoch nicht – also erfand er sie flugs. Ob nun Kosmologie, Meteorologie, Hydrostatik, Physik oder Biologie – zu beinahe jedem nur denkbaren Gebiet machte sich Aristoteles Gedanken, die oft geradezu revolutionär waren und noch über tausend Jahre später als grundlegend betrachtet wurden.

Dabei tat er mitunter natürlich auch Missgriffe: beispielsweise nahm er an, dass Rebhühner durch den Atem des Menschen befruchtet würden oder dass das Gehirn lediglich der Kühlung des Blutes diene. Das klingt heute sicherlich recht witzig; doch sollte man nicht vergessen, dass Aristoteles auf keinerlei Vorwissen zurückgreifen konnte. (Wenn man bedenkt, dass noch heute über 20 Prozent aller Bürger der USA wie Aristoteles meinen, dass sich die Sonne um die Erde dreht, könnte man annehmen, dass sich inzwischen nicht viel getan hat.)

Aristoteles war also überaus fleißig.

Allein der Logik widmete er sechs Bücher. Eigentlich

erfand Aristoteles die Logik sogar – und dabei war er so gründlich, dass seine logische Theorie bis heute fortwirkt, auch wenn sie in diesem Jahrhundert durch den Mathematiker und Philosophen *Bertrand Russel* ergänzt wurde. Die Logik sagt nichts darüber aus *was*, sondern *wie* wir denken sollten, um zu wissenschaftlichen Erkenntnissen zu gelangen. (Womit übrigens keineswegs behauptet wird, dass es nicht auch andere Möglichkeiten gäbe, Erkenntnisse zu gewinnen.) Auch wenn im Alltagsleben oft von Logik die Rede ist: Insgesamt ist die logische Theorie eher etwas für Mathematiker; deshalb wollen wir's im Moment dabei bewenden lassen.

Noch größere Auswirkungen als seine Logik hatte möglicherweise seine Metaphysik, die »Metaphysik« heißt, weil sie in seinem Werk nach (gr. *meta*) den Schriften über die Physik, also die Natur, kommt. Später war Metaphysik dann im übertragenen Sinne das, was »nach« der Physik kommt, was also über den Bereich der sinnlichen Erfahrungen hinausgeht. In der Metaphysik dreht es sich um Begriffe wie Sein, Nichts, Seele, Wahrheit, Freiheit oder Gott, was in den folgenden 2000 Jahren zu allerhand Streiterei und Geschwätz Anlass gab.

Am wichtigsten in Aristoteles' Metaphysik sind seine so genannten »vier Gründe des Seienden« – der materielle Grund, der formale Grund, der ursächliche Grund und der letztendliche Grund. Am Beispiel einer Marmorstatue wären diese Gründe also: Marmor, die Gestalt der Statue, der Bildhauer und schließlich das Kunstwerk. Auch zu einem »Gottesbeweis« ließ sich Aristoteles hinreißen: Alles muss letztlich einen ursächlichen Grund haben, meint Aristoteles – und diese Ursache ist natürlich Gott, der »unbewegte Beweger« oder »erste Grund«. Und das vom Erfinder der Logik!

Aristoteles hatte mit seiner Pythias inzwischen einen Sohn, Nikomachos, den er anscheinend sehr liebte, denn er widmete ihm sein Werk über die Ethik – das daher als *Nikomachische Ethik* bekannt geworden ist. In zehn Büchern lässt er sich über Intelligenz, Charakter, Tugend und Glücklichsein aus. Dabei kommt er zu dem Schluss, dass moralische Tugend stets ein Mittelweg zwischen den Extremen sei. Tapferkeit liegt also beispielsweise zwischen Feigheit und Tollkühnheit. Alles in allem ist seine Ethik ziemlich elitär: Absolute Tugend und Selbstverwirklichung kann nur von wenigen erreicht werden – keinesfalls aber von so minderwertigen Wesen wie Kindern, Frauen, Handwerkern oder Ausländern.

Das wirkt sich natürlich auch auf seine Politik aus, über die er acht Bücher verfasst, in denen er – immerhin kannte er, wie gesagt, 158 Staatsverfassungen – die Vor- und Nachteile der verschiedenen Herrschaftssysteme abwägt. Er gliedert die Systeme in Monarchien, Aristokratien (gr. *aristos*: vorzüglich – also Herrschaft der Fähigsten) und Politien (gr. *polis*: das Gemeinwesen – also Beteiligung einer breiteren Schicht an den politischen Entscheidungen). Dazu führt er gleich noch die entsprechenden »Entartungen« an: Die Monarchie kann zur Tyrannei ausarten, die Aristokratie zur Oligarchie (gr. *oligos*: die wenigen – also Herrschaft einiger Machtgieriger) und die Politie zur Demokratie (gr. *demos*: das Volk). Aristoteles kommt zu dem Schluss, dass es keine absolut beste Verfassung gäbe, sondern dass es vielmehr von den Zeiten und Bedürfnissen der Menschen abhängt, welche Verfassung am geeignetsten ist. Für seine Zeit empfiehlt er jedoch eine ausgewogene Mischung aus aristokratischen und demokratischen Elementen. Die Macht soll also breit verteilt werden, aber nicht zu breit und vor allem nicht gleichmäßig. Frauen, Handwerker und Nicht-Griechen sollen beispielsweise überhaupt keine Macht haben, besonders wertvolle Menschen (wie z.B. er selbst) hingegen überdurchschnittlich viel.

Die Staatslehre ist Aristoteles ziemlich wichtig, denn er meint, dass der Mensch nur in Gemeinschaft glücklich werden kann (was, nebenbei bemerkt, für Aristoteles' Bekanntschaften spricht). Er definiert den Menschen sogar als *zoon politikon*, d.h. als »Gesellschaftstier«.

Über die Gerechtigkeit sagt Aristoteles einiges, was

auch heute noch durchaus überlegenswert ist. Er unterscheidet verschiedene Arten von Gerechtigkeit.

• Teilende Gerechtigkeit: Damit ist das gemeint, was auch als absolute (oder naive) Gerechtigkeit bezeichnet wird – jeder wird gleich behandelt.
• Verteilende Gerechtigkeit: Dabei geht es um Ausgleich, beispielsweise zwischen Arm und Reich.
• Repressive Gerechtigkeit: Eine »Gerechtigkeit«, die durch Strafen hergestellt werden soll.

Gerechtigkeit ist im Übrigen laut Aristoteles nur dann vonnöten, wenn die Freundschaft versagt.

Aristoteles begründete weiterhin die biologische Systematik, die bis ins 19. Jahrhundert, also über 2000 Jahre lang, als gültig angesehen wurde – bis *Charles Darwin* die Biologie und das Selbstverständnis des Menschen revolutionierte. (Selbst wenn viele Menschen auch heute noch nur zu gern glauben möchten, sie seien die Krone der »Schöpfung«.)
Auch seine Schriften über die Poesie und die Rhetorik waren jahrtausendelang grundlegend.
Wer weiß, was Aristoteles noch alles vollbracht hätte, wäre nicht sein ehemaliger Zögling, der nunmehr große Alexander, gestorben.
Aristoteles hatte zwölf Jahre lang seine Lehran-

stalt geführt und ist nun so alt wie Platon, als er als 17-jähriger zu ihm kam – über 60 Jahre alt. Doch er kann sein Alter nicht in Ruhe zu Ende bringen, denn nach Alexanders Tod beschuldigen ihn die Athener, wie vor 77 Jahren Sokrates, der Gotteslästerung und wollen ihn vor Gericht zerren, um ihn zum Tode zu verurteilen. Doch im Gegensatz zu Sokrates wartet Aristoteles den Prozess nicht ab und flieht, um – wie er ironisch anmerkt – den Athenern nicht die Gelegenheit zu geben, sich zum zweiten Mal gegen die Philosophie zu versündigen.

Er begibt sich nach Chalkis, auf die Insel Euboia. Doch seinen Tod kann er damit nicht verhindern – nur wenige Monate später erliegt er dort seinem Magenleiden.

Aristoteles machte sich über fast alles seine Gedanken. Unter anderem auch darüber, welche Verfassung wohl für einen Staat die beste sei. Er kam zu dem Schluss, dass es keine absolut beste Verfassung gäbe, sondern es vielmehr von der Zeit und den Bedürfnissen der Menschen abhinge, welche Verfassung am geeignetsten sei. Das klingt eigentlich recht vernünftig, doch eine Konsequenz daraus ist, dass es Zeiten und Bedürfnisse gibt, denen eine Herrschaftsform wie die Diktatur am angemessensten sei. 1933 herrschte in Deutschland wohl diese Auf-

fassung vor, während heute überwiegend die Demokratie als der beste Weg angesehen wird – allerdings nicht nur für hier und heute, sondern für
überall und immer.

Die Demokratie ist schon eine gute Sache. Aber so
ganz unproblematisch und selbstverständlich ist
auch sie nicht. Überlegen Sie doch einmal mit uns,
welche Probleme denn in einer Demokratie auftauchen könnten.

Das Dilemma der Demokratie

»Ich rede von der Demokratie
als etwas Kommendem.
Das, was schon jetzt so heißt,
unterscheidet sich
von den älteren Regierungsformen allein dadurch,
dass es mit neuen Pferden fährt:
Die Straßen sind noch die alten,
und die Räder sind auch noch die alten.«
(Friedrich Nietzsche)

Ist die Demokratie tatsächlich allen anderen Herrschaftsformen überlegen? Aristoteles hätte es sicher verneint – für ihn war ja die Demokratie geradezu eine Entartung; ihm war es ein Graus, dass alle ohne Unterschied über die Geschicke des Staates bestimmen sollten.

Es besteht ja nun heute relativ weitgehende Einigkeit darüber, dass es die Aufgabe des Staates ist, dass es *allen* möglichst gut geht; ein Ziel, das nicht nur pragmatisch (wenn es allen gut geht, gibt es nichts zu meckern), sondern auch ethisch gut zu begründen ist. In einer Demokratie sollen nun alle Bürger am politischen Prozess teilhaben – und wenn jeder etwas zu sagen hat und an der Entscheidungsfindung mitwirkt, sollte sich eigentlich niemand beklagen können.

Doch die Sache hat einige Haken.

Zunächst einmal stellt sich ja die Frage, ob diejenigen, die am politischen Prozess beteiligt sind, überhaupt wissen, was für Konsequenzen ihre Entscheidungen haben. Wissen sie das nämlich nicht, ist es ja eher unwahrscheinlich, dass der Staat eine positive Richtung nimmt, die dazu führt, dass es möglichst vielen möglichst gut geht.

Wenn alle regieren, gibt's natürlich Probleme, da ja nicht alle das Gleiche wollen. Es müssen also »demokratische Spielregeln« aufgestellt werden, die festlegen, wie eine Entscheidung zustande kommt: Wird eine Entscheidung nach der Meinung der Mehrheit getroffen oder nach der Qualität der Argumente? Welche Mehrheit soll entscheiden: die absolute (über die Hälfte sind dafür), die relative (ein Standpunkt hat die meisten Anhänger, doch weniger als alle anderen Standpunkte zusammen – relative Mehrheit ist also nicht die Mehrheit der Bürger) oder eine andere Mehrheitsform (z.B. Zweidrittelmehrheit, Fünfsechstelmehrheit …)? Jedenfalls bringt es eine Mehrheitsentscheidung – im Gegensatz zur Einigung oder zum Kompromiss – mit sich, dass die Minderheit (und die kann, wenn relative Mehrheit zählt, durchaus in der Überzahl sein) unzufrieden ist.

Zu Zeiten Aristoteles' war die Zahl der Bürger relativ begrenzt, doch heute sieht die Sache ganz anders aus: Deutschland hat inzwischen über 80 Millionen Einwohner. Dass nun keine direkten demokratischen Entscheidungen gefällt werden können, ist ja klar. Also wurde die *repräsentative Demokratie* eingeführt. Das heißt, dass einige wenige Menschen die anderen vertreten; dennoch ist es eine Demokratie (also Volksherrschaft), da diese Vertreter vom Volk *gewählt* werden.

Die Demokratie wird (von Demokraten, versteht sich) als die beste aller möglichen Herrschaftsformen bezeichnet. Und wir haben ja das Glück, in einer Demokratie zu leben. Oder?

Leben wir überhaupt in einer Demokratie?

Zunächst einmal herrschen ja nur wenige, nämlich diejenigen, die gewählt wurden. Aber nicht einmal alle dieser Erwählten regieren, sondern davon wiederum nur ein Teil, die Regierungspartei(en) nämlich. Und auch innerhalb der Regierung gibt es ja eine Hierarchie. Davon, dass das Volk herrscht, ist auf den ersten Blick also nicht so viel zu bemerken – wir haben ja schon festgestellt, dass die riesige Anzahl von Menschen, die sich in den heutigen Staaten tummeln, eine *direkte* Demokratie nahezu unmöglich macht.

Immerhin kann in einer Demokratie jeder wählen, von wem er sich vertreten lassen möchte. Nun ja, nicht wirklich jeder: Menschen, die in einem anderen Land geboren wurden, schon mal nicht. Auch Menschen, die sich weniger als 18 Jahre auf dem Planeten herumtreiben, dürfen an der Demokratie nicht teilhaben. Diejenigen, die einen Vertreter wählen, der nur von wenigen anderen gewählt wird, fallen ebenfalls weg – einen Ersatz darf man ja nicht wählen.

Der Rest darf immerhin alle vier Jahre ein Kreuzchen auf einem Papier machen. Dadurch wird dann ermittelt, wer herrscht und wer nicht. Vier Jahre lang, ohne dass der eigentliche Herrscher – das Volk – seine Entscheidung revidieren könnte. (Zumindest hat es keine Konsequenzen.)

Da das Volk die Kompetentesten, Begabtesten, Intelligentesten, Einfühlsamsten und Besten im Volk als seine Vertreter wählt, ist das ja alles kein Problem.

Wie bitte? Die Erwählten sind *nicht* die Besten, Klügsten, Weisesten, Wohlwollendsten? Ja warum werden sie dann gewählt? Was ist nötig, um in einer repräsentativen Demokratie herrschen zu können? Wissen, Kompetenz, Voraussicht, Menschlichkeit? Weit gefehlt! Es geht einzig und allein um die Überzeugungskraft. Wem es gelingt, die Menschen für sich einzunehmen, wird gewählt. Und selbstverständlich gelingt es eher, die Menschen mit Versprechungen, Liebenswürdigkeiten und frohen Botschaften für sich einzunehmen, als mit dem

Gegenteil. Entsprechend sind dann auch die Erwählten: Selbst wenn sie ein Ministeramt bekleiden, müssen sie nicht etwa besondere Kenntnisse oder gar geistige Fähigkeiten vorweisen, sondern lediglich die Zugehörigkeit zu einer bestimmten Partei und die Gabe, diejenigen, die über die Vergabe des Amtes entscheiden, für sich einzunehmen. (Mitunter geschieht es versehentlich, dass einer dieser Erwählten *auch* kompetent, intelligent, menschlich und erfahren ist – doch das liegt eben nicht im System begründet.)

Fasst man nun all dies zusammen, erscheint es ziemlich fragwürdig, ob wir in einer Demokratie leben. Keineswegs herrscht »das Volk«, sondern eben einige wenige. Und diese müssen über eine Fähigkeit verfügen: die Überredungskunst. Man könnte unsere Staatsform also als Oligarchie (Herrschaft der wenigen) bezeichnen – eine Oligarchie der Geschwätzigkeit.

Könnten Sie sich folgenden Dialog zwischen zwei Politikern vorstellen?

Politiker A: »Liebe Kollegen, heute wollen wir ja Gesetz X besprechen. Ich habe zahlreiche Informationen zu diesem Thema gelesen und bin zu folgender Ansicht gekommen … Aber vielleicht habe ich ja etwas übersehen.«

Politiker B: »Vielleicht könnte man noch Folgendes ergänzen … Was meinen Sie dazu?«

Politiker A: »Ja richtig! Da haben Sie durchaus Recht. Meine Partei vertritt aber eben gerade die Interessen der Wirtschaft, während Sie die Interessen der Arbeitnehmer betonen.«

Politiker B: »Da haben Sie Recht. Wir stehen also vor einem Dilemma. Wären Sie zu folgendem Kompromiss bereit? …«

Politiker A: »Das ist eine gute Idee! Liebe Kollegen, wollen wir nun darüber abstimmen?«

In politischen Debatten geht es wohl anders zu. Die Oligarchie der Geschwätzigkeit verlangt, dass sich der Erwählte, der in vier Jahren wiederum erwählt werden möchte, profiliert – und das geht nicht gut durch Nachgiebigkeit, Einsicht und Verständnis, sondern wesentlich besser durch Lautstärke, Populismus, Lügen und Schwarzweißmalerei.

Aber was wäre denn besser? Platons Philosophenstaat? Eine Diktatur oder Monarchie? Oder gar der Kommunismus?

Letzteres ist natürlich absoluter Unsinn, denn der Kommunismus ist ja keine Herrschafts-, sondern eine Wirtschaftsform. Dass die Demokratie über den Kommunismus gesiegt hat, ist demnach gar nicht möglich; die *Marktwirtschaft* hat über den Kommunismus gesiegt. Die Demokratie hat über die *Diktatur*, die in den kommunistischen Ländern herrschte, »gesiegt« – nun ja, nicht eigentlich die Demokratie, sondern die »Oligarchie der Geschwätzigkeit«.

Diktaturen oder Monarchien haben den scheinbaren Vorteil, dass über eine Entscheidung nicht allzu lange diskutiert werden muss – sie scheinen also zunächst einmal effizienter zu sein. Auch können unpopuläre Entscheidungen durchgesetzt werden. Die Nachteile liegen allerdings auf der Hand: Wird der Diktator gewählt (wie Hitler), so haben wir alle Nachteile des Wählens (s.o.) auf eine Person vereint, sodass nun überhaupt kein Ausgleich mehr stattfinden kann – die Wahl eines Diktators führt nicht zur Oligarchie, sondern zur Monarchie der Geschwätzigkeit. Setzt er sich selbst mit Gewalt gegen das Volk ein, so ist die Lage für das Volk ohnehin klar. Wer sich mit Gewalt gegen die durchsetzen muss, für die er das Beste will, disqualifiziert sich selbst – wie die Diktaturen in den kommunistischen Ländern.

Es ist also durchaus etwas dran, wenn man die Demokratie als die beste Staatsform betrachtet. Aber, wie gesagt, ist das Demokratische in den heutigen Demokratien nicht besonders stark ausgeprägt.

Wie könnte man das ändern? Zum Schluss zwei Ideen zur Demokratie, eine ziemlich radikale und eine, die einigermaßen praktikabel scheint.

1. Da ja, wie festgestellt, nicht die Kompetenten herrschen, sondern die Geschwätzigen, und aufgrund der anderen Probleme, die Wahlen und repräsentative Vertretungen mit sich bringen, könnte man die Volksvertreter ebenso gut auslosen. Eine ziemlich radikale Lösung, doch führt sie immerhin dazu, dass nicht die Geschwätzigkeit regiert, dass das Volk tatsächlich an der Herrschaft beteiligt ist und dass Machtgier wenig Chancen hat.

2. In unserer Demokratie darf nicht jeder wählen: nicht die in fremden Ländern Geborenen, nicht die hier Geborenen, deren Vorfahren in fremden Ländern geboren wurden, nicht die Menschen, die jünger als 18 Jahre alt sind, nicht die Entmündigten. Der Sinn, der dahinter steht, ist ja, dass die, die wählen, wissen sollten, was sie tun. Weshalb sollen die Wähler ihre Wahlkompetenz nicht nachweisen? Bevor man eine Partei wählt, sollte man doch zumindest ihr Programm, ihre Erfolge, ihre Misserfolge, die Kompetenz ihrer Vertreter und vielleicht auch ihre Geschichte in den Grundzügen kennen. Wahlunterricht in der Schule wäre nicht das schlechteste – dann würde auch die kinderdiskriminierende Altersgrenze unnötig werden. An jedem Wahlzettel könnte ein kleiner Multiple-Choice-Test hängen, der das politische Wissen einem kleinen Test unterzieht.

Ein ähnliches Verfahren empfiehlt sich für die Zulassung zum Politiker. Es ist ja doch ein wenig absurd, dass man einen Führerschein erwerben muss, um ein Auto lenken zu dürfen, um einen Staat zu lenken jedoch übersteigertes Selbstvertrauen und ein flinkes Mundwerk genügen.

Vielleicht ist es aber auch ganz anders?

Konfuzius

»Menschen des ersten Grades
lernen kurze Zeit und werden weise.
Menschen des zweiten Grades
werden weise, lernen aber lange.
Menschen des dritten Grades
bleiben dumm und lernen Worte.«
(Konfuzius)

Wie Aristoteles das westliche Denken geprägt hat, so hat Konfuzius das chinesische Denken beeinflusst – und somit immerhin das Denken etwa eines Viertels der gesamten Erdbevölkerung. Neben Buddha und Lao Tse gilt er als der größte Philosoph des Ostens; doch seine Lehren sind so verschieden von diesen beiden, wie Aristoteles sich von Sokrates oder Diogenes unterschied.

Etwa zwanzig Jahre nach der Geburt Lao Tses erwartete ein junges Mädchen, das mit einem alten Mann verheiratet worden war, ein Kind. Der alte Mann stammte aus dem adligen Geschlecht der Kung, das seine Vorfahren bis in die mystische Zeit der Yin-Dynastie, die zwischen 1600 und 1100

Jahren vor unserer Zeitrechnung in China herrschte, zurückverfolgen konnte. Der Knabe, der im Jahre 551 vor unserer Zeitrechnung in Chü-fou, im Fürstentum Lu, der heutigen Provinz Shandong im Nordosten Chinas geboren wurde, bekam den Namen Chiu. Dieser Chiu Kung sollte als Kung fu tse, d.h. Meister Kung, der einflussreichste Denker Chinas werden.

Der Vater war, wie gesagt, schon alt und starb nach wenigen Jahren. Der junge Chiu Kung wuchs also vaterlos auf. Früh zeichnete sich ab, dass von diesem Jungen wohl etwas Besonderes zu erwarten wäre. So ist überliefert, dass er als Kind schon von den alten Bräuchen fasziniert war; sein Lieblingsspiel soll die Nachahmung der überlieferten, hochkomplizierten Opferriten gewesen sein – vielleicht hoffte er, damit dem geliebten verstorbenen Vater näher zu kommen. Auch sein ganzes weiteres Leben widmete er dem Lebensideal des chinesischen Altertums.

Chiu, der spätere Konfuzius, war äußerst fleißig, ja, er machte das Lernen geradezu zu seinem Lebensprinzip. Im Alter von 15 Jahren soll er bereits gesagt haben: »Mein Ziel ist das Lernen.« Natürlich kommt einem dabei leicht der Gedanke, dass das Bürschchen einfach ein furchtbarer Streber gewesen sein könnte. Doch damit würde man Konfuzius unterschätzen. Er sammelte nicht einfach äußerliches Wissen an, sondern nahm es in sein Wesen auf. Dabei eignete er sich nicht nur das gesamte Wissen seiner Zeit an, sondern sah vor allem die Zusammenhänge. Die Gebiete, die bislang Spezialisten vorbehalten waren, vereinte er zu einem großen Ganzen.

Als Chiu Kung etwa 20 Jahre alt war, hatte er sich bereits einen Ruf unübertroffener Gelehrsamkeit erworben und aus den entferntesten Teilen des großen chinesischen Reiches kamen Schüler zu ihm, um zu lernen. Auch das war eine Neuigkeit: Konfuzius war der Erste, der eine private Schule unterhielt.

Seine Ziele gingen aber darüber hinaus. Er wollte mit seinen Lehren etwas Praktisches bewirken, seine Prinzipien verwirklichen und sogar die Welt verändern – schon damals keine kleine Aufgabe. Deshalb war es sein größter Wunsch – da er selbst nun einmal kein Fürst war – einen Fürsten zu finden, der ihn als Ratgeber annehmen und seine Ideen durchsetzen könnte.

Auch hier könnte man leicht dem Irrtum unterliegen, dass Konfuzius einfach machtversessen war. Dem war keineswegs so; denn er stellte höchste Ansprüche. Sein Ruf war, wie gesagt, bereits in jungen Jahren groß, und ihm wurden durchaus hohe Ämter angeboten – doch er lehnte ab, da die Bedingungen sich nicht mit seinen moralischen

Grundsätzen vertrugen. So sagte er: »Nicht soll man sich sorgen, dass man ein Amt erhält, sondern dass man dazu tauglich werde. Nicht soll man sich sorgen, dass man Ruhm erlangt, sondern dass man des Ruhmes würdig werde.«

Aber worin bestand nun eigentlich die Lehre des Konfuzius? Er selbst behauptete ja, lediglich die alten Gebräuche, Tugenden und Weisheiten wiederbeleben zu wollen. Das darf man allerdings nicht so ganz ernst nehmen; die Tradition spielte in China eben eine sehr große Rolle, und jeder, der seine Lehre respektiert sehen wollte, verlegte seine Quellen in graue Vorzeit. (Eine Ausnahme, die deswegen umso bedeutsamer ist, ist Konfuzius' berühmter Kollege Lao Tse, der den Traditionen eher ablehnend gegenüberstand – wie in Griechenland Diogenes.)

Dennoch: Konfuzius kannte alle alten Quellen, die zur Verfügung standen, und baute auf ihnen auf. Dabei ging es um zweierlei – die Kultivierung der Persönlichkeit und die Formen des gesellschaftlichen Zusammenlebens. Im Mittelpunkt stand stets die unbedingte Verpflichtung des Sittengesetzes. Nicht der Einzelne zählt, sondern der Organismus der menschlichen Gemeinschaft, in der jeder seinen bestimmten Platz hat. Konfuzius will die Beziehungen genau geregelt wissen: der Umgang zwischen

Mann und Frau, zwischen Vater und Sohn, zwischen älterem und jüngerem Bruder, zwischen Herrscher und Beamten, zwischen Freunden. Ob die Menschen dieser Ordnungsfimmel glücklich machte, danach fragte Konfuzius nicht; ihm ging es um das reibungslose Funktionieren im Einklang mit der überlieferten Ordnung. Nicht umsonst war Konfuzius stets der Lieblingsphilosoph der Beamten und Lao Tse der der Dichter und Künstler.

Bislang hatte Konfuzius nur in seiner Heimat gelebt. Doch als ein Mann, der ihn sehr verehrt, krank wird und im Sterben liegt, bittet er den Meister, seinen kleinen Sohn zu erziehen und ihn zu Verwandten in die ferne Hauptstadt Lo in Hunan zu bringen. So tritt Konfuzius seine erste große Reise an. Dies wäre nun nicht weiter erwähnenswert, hätte nicht im Laufe dieser Reise eine denkwürdige Begegnung stattgefunden: Konfuzius und Lao Tse treffen aufeinander. Konfuzius sucht den »Alten Meister« auf, spricht mit ihm und holt sich bei ihm Rat. Lao Tse hat jedoch eine völlig andere Auffassung von Weisheit als Meister Kung. (Zwei Gespräche zwischen den beiden haben wir im Kapitel über Lao Tse wiedergegeben.) Die beiden Denker haben denkbar wenig gemeinsam, und Konfuzius geht weiter seinen eigenen Weg. Doch Lao Tse muss ihn stark beeindruckt haben – trotz aller Differenzen.

»Von den Vögeln weiß ich, dass sie fliegen; von den Fischen, dass sie schwimmen; vom Wild, dass es laufen kann. Doch vom Drachen verstehe ich nicht, wie er auf Wolken durch den Himmel fährt. Heute habe ich Lao Tse gesehen – ich glaube, er gleicht dem Drachen!«

Als Konfuzius von seiner Reise zurückkehrt, widmet er sich weiter seinen Schülern und seiner Arbeit. Doch dann gibt es politische Verwicklungen: Ein Emporkömmling ergreift die Macht, und der Fürst muss fliehen. Aber auch die neuen Machthaber verehren Meister Kung und wollen ihm ein Amt geben – doch für Konfuzius ist es moralisch völlig inakzeptabel, den unrechtmäßigen Herrschern zu dienen; deshalb wandert er in den Nachbarstaat Tsi aus.

Dort lernt er die altchinesische Musik kennen und ist fasziniert. Diese Musik ist für ihn der Inbegriff der Harmonie und der Ordnung – und fügt sich damit hervorragend in seine Philosophie ein. Es heißt, dass Meister Kung drei Monate den Geschmack des Fleisches vergaß, als er sich mit der Musik befasste. Er meinte einmal: »Erwecke die Menschen durch die Lieder, festige sie durch die Form, vollende sie durch die Musik.«

Auch die folgende Anekdote deutet an, wie hoch Konfuzius die Musik schätzte:

Vier Schüler saßen mit dem Meister beisammen.

Konfuzius fragte: »Wenn ihr über ein Reich herrschen könntet, was würdet ihr tun?« Der erste Schüler wollte das Volk die Pflichten lehren, der zweite für genügend Nahrung sorgen, der dritte still dienen. Der vierte aber sprach: »Ich würde ein Lied singen.« Da seufzte der Meister auf und meinte: »Ich halte es mit dir.«

Im Staate Tsi wird Kung – wie überall – hoch geachtet, und der Fürst sucht seine Beratung. Doch auch hier werden seine Ideen für undurchführbare Utopien gehalten. Der Fürst redet sich mit seinem hohen Alter heraus; er sei zu alt, um Meister Kungs Reformen durchzuführen. Aber einen Ehrentitel bietet er an. Konfuzius lehnt wieder einmal ab und kehrt darauf in seine Heimat zurück.

Dort wird er neuerlich vom Adel umworben, aber immer noch wartet er ab. Und dann – endlich! – kommt seine Zeit. Der Fürst stirbt, und der Nachfolger übergibt Kung einen Bezirk zur Verwaltung. Meister Kung ist nun 50 Jahre alt. Jetzt kann er sein Wissen, seine Lehren und seine Erfahrung einsetzen – und es funktioniert! Nach drei Monaten ist der Bezirk völlig umgekrempelt. Zuvor war die Gegend berüchtigt für Verbrechen, Unordnung, Bestechung, Misswirtschaft und Unzucht. Konfuzius vereinfacht die Verwaltung, regelt die Steuern so, dass jeder nicht mehr zahlen muss, als er verkraften kann, sorgt dafür, dass betrugerische

Mittel auf dem Marktplatz nicht mehr eingesetzt werden können und dass das Volk ausreichend Lebensmittel hat. Dazu greift er auch zu unkonventionellen, aber effektiven Mitteln: So ordnet er beispielsweise an, dass Gräber nur auf unfruchtbarem Grund angelegt werden dürfen – und tatsächlich bringt das so viel, dass nun niemand mehr Hunger leiden muss. Er bekämpft auch erfolgreich das Verbrechen und das Laster. Das geht so weit, dass Männer und Frauen auf verschiedenen Straßenseiten gehen.

Wenn einem vielleicht auch das Wort Polizeistaat in den Sinn kommt – der Fürst ist von Kungs Erfolgen begeistert und ernennt ihn zum Justizminister. Allein sein Amtsantritt soll die Verbrecher in Scharen aus dem Land getrieben haben.

Aber Konfuzius war auch nicht, wie man vielleicht annehmen könnte, unmenschlich streng. Teilweise war seine Vorgehensweise sogar ausgesprochen witzig. So verklagte ein Vater einst seinen Sohn wegen Ungehorsam. Nun nahm jeder an, der Sohn würde bestraft werden – Konfuzius lehrte ja Pflichterfüllung und Gehorsam. Doch Kung ließ Vater *und* Sohn ins Gefängnis werfen: Der Ungehorsam des Sohnes sei ebenso Fehler des Vaters wie des Sohnes, meint er. Als der Vater sich mit seinem Sohn wieder verträgt und die Klage zurückzieht, werden beide freigelassen.

Der Staat Lu blühte unter Konfuzius wirtschaftlich auf, und so hätte es auch bleiben können – doch der Beste kann nicht in Frieden leben, wenn es dem bösen Nachbarn nicht gefällt.

Der Fürst des Nachbarlandes versucht alles Mögliche, um das Land zu übernehmen; doch Kung kann es immer wieder abwenden. Bis der Nachbar schließlich auf die Idee kommt, eine Truppe schöner Mädchen und wertvoller Pferde zu schicken. Kungs Arbeitgeber wird schwach und schreibt Konfuzius' Ermahnungen in den Wind. Schweren Herzens erkennt Meister Kung, dass seine Zeit vorbei ist. Wieder macht er sich auf die Reise. Er sucht weiter nach dem Fürsten, der auf ihn hört, doch vergebens. Allerdings schließen sich ihm immer mehr Schüler an, und sein Ruhm wird noch größer, als er es ohnehin schon ist. Dennoch: Es dauert dreizehn lange Wanderjahre, bis er schließlich, im Alter von 69 Jahren, wieder ehrenvoll in seine Heimat zurückberufen wird.

In seinen letzten Lebensjahren erlebt Meister Kung seine zweite große Zeit. Endlich kann er sein Lebenswerk, die Herausgabe der alten heiligen Schriften, die er geordnet und kommentiert hat, vollenden. Wohlgemerkt: Konfuzius hat die »Fünf heiligen Bücher« nicht erfunden – doch ohne ihn wären sie vermutlich verloren gegangen. Unter diesen Schriften ist das wichtigste und bekannteste

Werk das I Ging, das »Buch der Wandlungen«, von dem Meister Kung am Ende seines Lebens sagte: »Wenn mir doch nur noch einige Jahre blieben, das Studium des I Ging zu vollenden, so könnte ich es vielleicht dahin bringen, frei von großen Fehlern zu sein.«

Das I Ging ist ja mittlerweile auch bei uns berühmt. Um was geht es dabei eigentlich? Nun, die Angelegenheit ist ziemlich mystisch: Im Grunde genommen besteht das »Buch der Wandlungen« nur aus acht Zeichen, den so genannten Trigrammen, die bestimmte Bedeutungen tragen.

Im I Ging werden nun diese Zeichen, jedes mit jedem, kombiniert – insgesamt gibt es also 64 Kombinationen, z.B. Himmel/Meer oder Himmel/Feuer. Die Bedeutung dieser Kombinationen zu entschlüsseln, ist nun eine hohe Kunst, und im Laufe der Geschichte Chinas sind Tausende von Kommentaren dazu entstanden, von denen immerhin noch etwa 2000 erhalten sind.

Das I Ging ist unglaublich vielschichtig, in erster Linie ist es allerdings ein Orakelbuch. Man stellt eine Frage und ermittelt dann durch ein kompliziertes Ritual, bei dem Schafgarbenstängel geworfen und ausgezählt werden, ein Bild aus zwei Trigrammen.

Sehr vereinfacht kann man ein Bild auch durch das

126

6-fache Werfen einer Münze erhalten: Eine Seite der Münze steht für die durchgehende Linie, die andere für die gebrochene. Beispielsweise legt man fest, dass Kopf eine durchgehende, Zahl eine gebrochene Linie bedeutet. Nun stellt man die Frage und wirft: Kopf – Zahl – Kopf – Zahl – Zahl – Kopf.

Im I Ging steht die Bedeutung des Zeichens, das sich daraus ergibt, *dschun*:

»Anfängliche Schwierigkeiten.

Das Urteil: Anfängliche Schwierigkeit führt zu erhabenem Gelingen; förderlich durch Beharrlichkeit. Nichts sollte man unternehmen. Es ist förderlich, Hilfe anzunehmen.

Das Bild: Wolken und Donner, das ist das Bild anfänglicher Schwierigkeiten. Der Edle wirkt entwirrend und ordnend.«

Das gibt einem immerhin zu denken. Und wie gesagt: Zu jedem der Zeichen gibt es umfangreiche Kommentare.

Es ist sicherlich äußerst interessant, sich mit dem I Ging zu beschäftigen, schon deshalb, weil es das chinesische Denken bis in die heutige Zeit geprägt hat. An dieser Stelle wollten wir nur kurz andeuten, was es mit diesem berühmten Werk auf sich hat. Doch kehren wir nun wieder zu Meister Kung zurück …

Mit der Herausgabe der heiligen Bücher hatte er sein Lebenswerk vollendet. Er hatte auch geheiratet und etliche Kinder gezeugt – bis heute lebt das Geschlecht der Kung weiter, und es gibt einige zehntausend Nachkommen. Seine Schüler erhielten wichtige Posten im Staat, und er hatte sich bereits zu Lebzeiten einen unsterblichen Ruf geschaffen.

Im Alter von 72 Jahren – 479 Jahre vor unserer Zeitrechnung – starb Meister Kung. Vielleicht hat er einen seiner Aussprüche auch auf sich selbst gemünzt: »Am Morgen die Wahrheit vernehmen und am Abend sterben – das ist nicht schlimm.«

Der Ruhm von Meister Kung blieb über die Jahrhunderte bestehen. Tausend Jahre nach seinem Tod erließ der Kaiser den Befehl, in jeder Provinzhauptstadt einen Tempel zu Ehren des Konfuzius zu errichten. Mehr als weitere tausend Jahre darauf, im Jahre 1906, erließ wiederum ein Kaiser ein Edikt, das Konfuzius mit den höchsten Gottheiten des Himmels und der Erde gleichstellt – eine Ehre, die Konfuzius selbst sicherlich weit von sich gewiesen hätte.

Konfuzius lagen die alten Werte Chinas besonders am Herzen. Einige dieser Werte scheinen aber ziemlich universell zu sein. Beispielsweise die Gerechtigkeit. Konfuzius war Ungerechtigkeit zutiefst verhasst. Gerechtigkeit spielt daher im Gedankengebäude des Konfuzius eine wichtige Rolle. Er kam allerdings zu ganz anderen Schlüssen als sein Kollege Lao Tse, über den wir ja schon gesprochen haben. Während Konfuzius meinte: »Vergilt Gutes mit Gutem und Schlechtes mit Gerechtigkeit.« Sagte Lao Tse: »Vergilt Gutes mit Gutem und Schlechtes auch mit Gutem.«

War Lao Tse also ungerecht? Oder ist es vielleicht mit der Gerechtigkeit gar nicht so einfach, wie man auf den ersten Blick glaubt?

Über Gerechtigkeit

> »›Eins mir, eins dir!‹,
> sprach der Hammer zum Amboss.«
> (Sprichwort)

Mit der Gerechtigkeit ist es ähnlich wie mit der Wahrheit: Beinahe jeder glaubt zu wissen, was es ist, doch jeder meint etwas anderes. Betrachten wir einmal einige Möglichkeiten, was man unter »Gerechtigkeit« verstehen könnte:

Der naive Begriff von Gerechtigkeit meint oft eine Art »*absolute* Gerechtigkeit«, d.h. absolute Gleichbehandlung. Wenn Fritz, Peter und Eva drei Stück Torte gerecht teilen sollen, so bekommt jeder, dem naiven oder absoluten Gerechtigkeitsbegriff zufolge, ein Stück. Was aber nun, wenn Fritz und Peter übergewichtige Bälger mit reichlich Taschengeld, Eva aber unterernährt ist und kein Geld hat? Wäre es dann nicht »gerechter«, Eva einen größeren Anteil zu geben?

Auch das wäre Gerechtigkeit, wenn man sie etwas anders versteht, nämlich als *ausgleichende* Gerechtigkeit. Dabei wird versucht, Gleichheit herzustellen, indem Schwächen ausgeglichen werden. Was aber nun, wenn Peter und Eva eigentlich vollkommen satt sind, Fritz dagegen schon eine Stunde lang nichts gegessen und daher einen wahren Heißhunger hat? Zwar ist Peter dick und Eva dünn, aber beide würden höchstens ein halbes Stück Torte hinunterbringen. Fritz dagegen hätte auch mit einer ganzen Torte kein Problem. Wäre es nicht gerecht, Fritz zwei Stücke zu geben und den beiden anderen jeweils ein halbes?

Das wäre dann eine *abwägende* Gerechtigkeit: Es wird keine materielle Gleichheit, sondern eine Gleichheit des Zieles, nämlich (in unserem Beispiel) der Befriedigung des kindlichen Tortenhungers, hergestellt. Was nun, wenn der fette Fritz und der dicke Peter die dünne Eva gerade vor der Tortenverteilung geschlagen haben? Wäre es dann nicht gerecht, die beiden Knaben von der Tortenverteilung auszuschließen?

Auch diese Art von »Gerechtigkeit«, die *repressive* Gerechtigkeit, erfreut sich einiger Beliebtheit. Dies ist die »Gerechtigkeit«, der der überführte Verbrecher zugeführt wird.

Nun haben wir immerhin schon vier Gerechtigkeitsbegriffe, und es lassen sich noch andere finden. Jeder der angeführten Vorstellungen von Gerechtigkeit haften allerdings ihre eigenen Probleme an. Im Grunde bedeutet Gerechtigkeit, Gleiches gleich zu behandeln – doch welcher Aspekt soll gleich sein? Bei der absoluten Gerechtigkeit wird von der Gleichheit der Menschen als solcher ausgegangen. Jeder Mensch ist gleich zu behandeln. Das versucht der Kommunismus als Grundprinzip (zumindest im Materiellen) zu verwirklichen.

Ist denn aber jeder Mensch gleich? Wo können wir die Gleichheit finden? In der Sprache, dem aufrechten Gang, den Genen? Es gibt stumme und gelähmte Menschen und sogar Menschen mit gravierenden genetischen Abweichungen (beim Down-Syndrom ist sogar ein ganzes Chromosom mehr vorhanden als in der Regel). Was bleibt von der Gleichheit des Menschen, ist eigentlich nur der Name »Mensch«.

Bei der ausgleichenden Gerechtigkeit wird im Grunde versucht, einen Zustand herbeizuführen, in dem absolute Gerechtigkeit sinnvoll ist. Denn erst wenn jeder dasselbe *hat*, ist es gerecht, wenn jeder dasselbe *bekommt*. Aber auch hier wird von einer Art objektiver Gerechtigkeit ausgegangen, die »hergestellt« werden kann, wenn man die Voraussetzungen kennt. Damit gibt es so lange keine Probleme, bis man sich das Ergebnis betrachtet: Ganz gleich, was verteilt wird, ob materielle oder ideelle Güter, nur im Hinblick auf die *Güter* ist dann Gleichheit hergestellt, nicht aber Gleichheit im Hinblick auf das, was sie beim Einzelnen auslösen.

Bekommt der eine eine Torte, freut er sich, bekommt sie ein anderer, wird ihm übel.

»Jedem das Seine« könnte dann vielleicht die Maxime der Gerechtigkeit sein? Das kann man aber nun auf zweierlei Weise auffassen: jedem das, was er verdient oder jedem das, was er benötigt. Zwar würde man dem Wesen der Gerechtigkeit vielleicht näher kommen, wenn man auf diese Art und Weise gerecht handeln könnte. Aber wie stellt man das, was jemand benötigt, fest? Oder wie, was jemand verdient?

Wie ist das denn mit der Arbeit? Ein Arzt verdient mehr als ein Müllfahrer, aber verdient er es auch, mehr zu verdienen? Ein Arzt hat einerseits eine größere Verantwortung, aber er hat dafür einen interessanten, abwechslungsreichen und angesehenen Beruf, was man vom Müllfahrer nicht so leicht behaupten kann. Fragt man einen Arzt, ob er lieber Müllfahrer wäre, wenn er das gleiche Geld verdienen würde, zeigt sich schnell, dass es keineswegs so ist, dass er nicht mehr verdient, weil er das aufgrund größerer Leistung »verdient«. Ob also Arbeit »gerecht« in diesem Sinne bezahlt wird, ist sehr fraglich.

Am fragwürdigsten ist vielleicht die strafende Gerechtigkeit. Welche Gleichheit soll dabei wohl hergestellt werden? Natürlich sollen Strafen auch noch einen anderen Sinn haben, beispielsweise Abschreckung oder Schutz der Gesellschaft – doch Gerechtigkeit?

Ist es gerecht, dass ein Mörder getötet wird? Muss dann ein Mörder, der jemanden auf grausame Art und Weise umgebracht hat, ebenfalls grausam umgebracht werden? Es soll ja Leute geben, die so etwas fordern. Aber wer bringt dann den Mörder um? Der Getötete wird sich wohl kaum aus dem Grab bemühen.

Aber egal, wer es tut: Müsste dann nicht wiederum der Henker umgebracht werden? Oder gibt es »gerechtes Töten«?

Oft sind es ja Verwandte eines Mordopfers, die die Todesstrafe verlangen. Verständlicherweise, denn nicht nur das Opfer, sondern vor allem auch seine Angehörigen und Freunde sind ja von dem Verbrechen betroffen.

Wäre es dann nicht »gerechter«, einen Freund oder Verwandten des Mörders zu töten? Nun, das fände vermutlich der Betroffene weniger gerecht.

»Gerechtigkeit« ist eben ein großes Wort. Doch um Gerechtigkeit zu üben, bedürfte es eines Gerechten. Und der ist nicht leicht aufzutreiben, selbst wenn man wüsste, was nun Gerechtigkeit eigentlich ist.

Jean-Paul Sartre

*»Der Mensch ist
zur Freiheit verdammt.«*
(Jean-Paul Sartre)

Dass ein Philosoph auch ein guter Schriftsteller sein kann, haben wir schon des Öfteren festgestellt. Aber dass ein Philosoph gleich den Literatur-Nobelpreis bekommt, das ist schon außergewöhnlich. Was Jean-Paul Sartre besonders auszeichnete, war sicherlich die Vielzahl seiner Begabungen – vor allem aber sein lebenslanges Engagement für die Schwächeren der Gesellschaft und für die Freiheit des Menschen.

Am 21. Juni 1905 wurde Sartre in Paris geboren. In seiner Verwandtschaft gab es bereits Personen, die berühmt waren – allen voran sein Großonkel Albert Schweitzer. Auch sein Großvater war ein bedeutender Mann, ein Professor, der Bücher schrieb – wohl ein prägendes Vorbild für Jean-Paul. Denn bei diesem Großvater wuchs er auf, da sein Vater starb, als Jean-Paul erst zwei Jahre war.
Sein Opa war nicht nur wegen seiner Schriftstelle-

rei ein Vorbild für Sartre, sondern förderte ihn in mancherlei Hinsicht. Auf Bildern kann man den kleinen Jean-Paul mit seinem Großvater sehen: einem würdig aussehenden alten Mann mit einem beeindruckenden Rauschebart. Kaum zu glauben, dass dieser Großvater einen Heidenspaß mit Jean-Paul hatte, indem er zusammen mit seinem Enkel kleine komödiantische Szenen erfand, die sie dann im Familienkreis zum Besten gaben.

Bis dahin klingt es so, als ob Sartre eine recht glückliche Kindheit gehabt hatte. Nun ja: Seine Kindheit war nicht direkt *unglücklich*, aber es gab ein Problem. Sartre wurde von seinen Großeltern wohl freundlich aufgenommen – aber er selbst hatte dennoch stets das Gefühl, nicht richtig dorthin zu gehören, hatte nie das Gefühl, wirklich zu Hause zu sein. Er schrieb später, dass er sich immer nur geduldet, nie aber zu Hause gefühlt hatte. Er schrieb über diese Zeit auch: »Ich habe nie ein Gefühl für Eigentum gehabt …« – und das hat er auch später nie. Sein Leben lang kennzeichnete ihn eine völlige Gleichgültigkeit gegenüber Besitz; obwohl er ja, als er berühmt wurde, durchaus relativ viel Geld erhielt. Aber es hielt nie lange vor; immer war er äußerst großzügig gegenüber Freunden und Bedürftigen. Er selbst hatte kaum Bedürfnisse und konnte extrem spartanisch leben.

Eine weitere Folge des Sich-nicht-zu-Hause-Fühlens war der Drang, ständig durch seine Leistungen seinen Wert beweisen zu müssen. Das wurde auch schließlich Sartres Grundeinstellung: Der Mensch ist nur das, was er aus sich macht. Und er machte einiges aus sich.

Schon in der Schule fiel er durch seine glänzenden Leistungen auf.

1916, Jean-Paul ist nun elf Jahre alt, heiratet seine Mutter wieder, und er zieht zu ihr nach La Rochelle. Dort macht er sechs Jahre später – natürlich als der Beste seines Jahrganges – das Abitur und erhält ein Stipendium für die Eliteuniversität École Normale Supérieure. Er entschließt sich für das Studium der Psychologie, der Soziologie und der Philosophie.

Hier macht er eine Bekanntschaft, die sein Leben sicherlich entscheidend beeinflusst hat: Er lernt Simone de Beauvoir kennen. Sie schließen einen »Zwei-Jahres-Pakt«: Sartre erklärt, dass er sich niemals bürgerlich binden will, da dies nur die Liebe zerstöre. Ihre Maxime ist absolute Freundschaft und Offenheit – diese offene Beziehung fiel Simone de Beauvoir sicherlich nicht immer leicht, aber tatsächlich bleiben die beiden einander lebenslang verbunden.

1929 macht Sartre das Abschlussexamen – wieder einmal als Bester seines Jahrganges und seine Freundin Simone de Beauvoir wird Zweitbeste.

Nach dem Studium verdiente sich Sartre als Gymnasiallehrer für Philosophie seinen Lebensunterhalt. Nebenbei begann er jedoch – etwa ab 1936 – seine literarische und philosophische Karriere. Anstoß dazu war vielleicht auch ein einjähriges Stipendium am Institut Français in Berlin, wo er die Philosophie Heideggers und Husserls kennen lernt. Ab 1937 beginnt er, bei Zeitschriften mitzuarbeiten. Und im selben Jahr schreibt er seine erste Novelle *Le mur* (Die Mauer); im nächsten Jahr folgt sein erster Roman, *La nausée* (Der Ekel), in dem es um die Betrachtung der unvermeidlichen menschlichen Einsamkeit geht.

Dann beginnt für ganz Europa eine schlimme Zeit: Am 1. September 1939 überfällt die deutsche Wehrmacht ohne Vorwarnung Polen, worauf Frankreich, und Großbritannien Deutschland am 3. September 1939 den Krieg erklären. Sartre wird als Sanitäter zum Kriegsdienst einberufen. Im Juni 1940 kommt er in deutsche Kriegsgefangenschaft – Frankreich war in kürzester Zeit besetzt worden und hatte einen Waffenstillstand unterzeichnet.

Im April 1941 kam Sartre aus der Gefangenschaft und begann wieder als Lehrer in Neuilly und Paris zu arbeiten.

Als Frankreich besetzt worden war, ging General Charles de Gaulle ins Exil nach London und rief von dort aus am 18. Juni 1940 zum Widerstand auf

– die französische Widerstandsbewegung, die Résistance, war geboren. Sie kämpfte im Untergrund gegen die deutsche Besatzungsmacht und die mit ihr kollaborierende Vichy-Regierung. Neben seinem Job als Lehrer war Sartre in der Résistance aktiv – und fand nebenbei noch Zeit, zahlreiche Bücher zu verfassen.

Die Deutschen hatten die Kontrolle über Frankreich, und es musste der Druck eines jeden Buches genehmigt werden. Aber natürlich ahnten die Besatzer nichts von Sartres Untergrundaktivitäten, und so wurde erstaunlicherweise der Druck seines antiautoritären Stückes *Les mouches* (Die Fliegen) anstandslos erlaubt. Auch die Veröffentlichung seines wichtigsten philosophischen Werkes *L'être et le néant* (Das Sein und das Nichts) fiel in diese Zeit.

In *L'être et le néant* wird das menschliche Bewusstsein als »Identität von Erscheinung und Existenz« begriffen. Sartre behauptet, die Hauptaufgabe des Menschen sei es, sich ohne Rücksicht auf Autoritäten, gesellschaftliche, religiöse oder moralische Normen seinen eigenen, individuellen Wertekosmos zu schaffen. Der Mensch, meint Sartre, *soll* das nicht tun – er *muss* es: Er ist zum »Entwurf der eigenen Existenz« und »zur Freiheit verdammt«.

Laut Sartre kennzeichnet die menschliche Existenz vor allem eine Fähigkeit: die Fähigkeit des »Nichtens«. Das heißt, der Mensch hat die Möglichkeit, etwas (vor allem das Bürgerliche) radikal zu verneinen, sich dagegen aufzulehnen und sich bewusst dagegen zu entscheiden. Erst dann kann er sich für etwas anderes, möglicherweise besseres, öffnen. Sartre spricht vom »Zwang zur Wahl« und behauptet die vollkommene und unausweichliche Verantwortung des Menschen für seine Entscheidungen – der Mensch ist frei, ja, zur Freiheit verdammt.

Nach dem Krieg verdammt er sich selbst zu dieser Freiheit, indem er den Lehrerberuf endgültig an den Nagel hängt und von da an als freier Schriftsteller lebt. Er gründet die Zeitschrift *Les Temps modernes*, versucht eine Partei zu gründen (was nicht klappt) und reist in die USA.

Jean-Paul Sartre und Simone de Beauvoir sind irgendwie ein Paar – aber sicherlich kein bürgerliches. Ihr antibürgerliches Verhältnis wird zu einer Art Vorbild für die Pariser Intellektuellenschicht, für die »existentialistische Lebensform«.

Sartre prägte den Begriff »Existentialismus«. Die Philosophie des Existentialismus ist vor allem atheistisch und nihilistisch – der Mensch braucht zwar eine rationale Grundlage für sein Leben, kann diese Grundlage jedoch niemals erreichen – das Leben ist also eine »aussichtslose Leidenschaft«. Sartre schafft aber dennoch den Spagat; er behauptet, dass sein Existentialismus letztlich doch eine Art des Humanismus sei, denn er betont die Freiheit und die Verantwortung des Menschen.

Ein weiterer Schachzug Sartres ist die Verbindung seiner Philosophie mit der Metaphysik Hegels und Heideggers und der Gesellschaftstheorie von Karl Marx. In dem komplexen System, das dabei herauskommt, können alle möglichen Aspekte menschlicher Kultur eingeordnet werden: vor allem aber Literatur, Psychologie und Politik. Auch Sartres Dramen, Romane und Essays sind Medien seiner Erkenntnistheorie, die den Anspruch hat, die Praxis des menschlichen Lebens verändern zu können.

Als freier Schriftsteller verfasst Sartre nicht nur Romane, Essays und Dramen, sondern sogar Drehbücher. Das bekannteste ist wohl das Drehbuch zum Film *Les jeux sont fait* (Das Spiel ist aus), der 1947 gedreht wird und heute als Klassiker des existentialistischen Films gilt.

Mit seiner antibürgerlichen Einstellung, vor allem aber mit seinem Eintreten für den Marxismus, machte sich Sartre einige Feinde. 1948 kamen seine Bücher sogar auf den Index.

Als Sartre 1952 am kommunistischen »Weltkongress für den Frieden« in Wien teilnimmt, beginnt ein öffentlich ausgetragener Streit mit seinem Freund Albert Camus, der schließlich diese Freundschaft beendete. Seine Begeisterung für den Kommunismus machte ihn auch anderen Menschen, die ihm nahe standen, suspekt. Auch seine Freunde André Gide und André Malraux wandten sich von ihm ab.

Dabei kann man nun wirklich nicht behaupten, dass Sartre dem Kommunismus in seiner realen Ausprägung unkritisch gegenübergestanden wäre. Ganz im Gegenteil: Immer wieder kritisierte der »unabhängige Sozialist«, wie sich Sartre selbst beschrieb, die Politik der Sowjetunion. Vor allem als sowjetische Truppen den ungarischen Volksaufstand im November 1956 blutig niederschlugen, protestierte er öffentlich gegen das Vorgehen der UdSSR. Im Gegensatz zu anderen protestierte er aber nicht nur gegen die russische, sondern eben auch gegen die Politik der USA – zum Beispiel als Vorsitzender des *Vietnam-Tribunals* gegen den Vietnamkrieg, das Bertrand Russell initiiert hatte.

Anfang der 60er Jahre erschien die *Critique de la raison dialectique* (Kritik der dialektischen Vernunft). Darin versucht Sartre wiederum existentialistische und marxistische Erklärungsmodelle miteinander auszusöhnen, oder, besser gesagt, den Existentialismus in den Marxismus zu integrieren. Doch zum Sowjetkommunismus, der die marxistische Lehre verzerrte und entstellte, ging er nun erkennbar auf Distanz.

1964 erhielt Sartre den Nobelpreis für Literatur, was an sich schon eine kleine Sensation war. Eine weitaus größere Sensation war es jedoch, dass er den Preis ablehnte – wohl der größte Skandal in der Geschichte des Literatur-Nobelpreises.

Im selben Jahr erschien seine Autobiographie *Les mots* (Die Wörter), die sich natürlich blendend verkaufte. Auch das Ablehnen eines Preises kann recht einträglich sein …

Sartres Produktivität ließ nun etwas nach. Was nicht heißt, dass er untätig war. 1973 wurde er Leiter der französischen Tageszeitung *Libération* – da war er immerhin schon achtundsechzig, also in einem Alter, in dem andere sich aufs Altenteil zurückziehen. Diese Stellung behielt er bis zu seinem Tod.

Sartre starb am 15. April 1980 in Paris.

Sartre führte recht oft das Wort »Freiheit« im Munde, beziehungsweise »liberté« – er war ja Franzose. Allerdings stand er der Freiheit doch auch kritisch gegenüber, wenn er beispielsweise sagte, dass der Mensch zur Freiheit *verdammt* sei. Das hört sich ja nicht so gut an. Freiheit ist doch etwas sehr Positives. Möchte nicht jeder lieber frei als unfrei sein?

Vor allem geht es dabei um die Willensfreiheit. Aber manche Philosophen behaupteten ja ganz dreist, so etwas gäbe es gar nicht! Wollen wir uns doch einmal ein paar Gedanken darüber machen, wie frei wir denn nun eigentlich sind.

Wie frei ist der Mensch?

»Die Frage nach der Willensfreiheit
ist wirklich ein Probierstein,
an dem man die tief denkenden Geister
von den oberflächlichen unterscheiden kann.«
(Arthur Schopenhauer)

Eines der großen Themen der Philosophie ist das der Willensfreiheit. Das war nicht immer so. Die Philosophen der Antike waren noch gar nicht auf die Idee gekommen, ihr Wille könne etwa nicht frei sein. So geht es auch heute noch vielen Menschen, die nicht philosophieren – aber auch so mancher Philosoph verweilt hier noch in kindlicher Unschuld.

Zunächst scheint es ja einfach: Ich kann doch tun, was ich will. Zumindest, solange mich niemand daran hindert, oder es physisch unmöglich ist.

Für die Philosophie gibt es aber nun ein Problem, wenn man gleichzeitig davon ausgehen will, dass alles, was geschieht, eine Ursache hat. Wie ist das mit der menschlichen Erfahrung der Willensfreiheit zusammenzubringen, oder welche Schlüsse muss man daraus ziehen?

Die theologischen Philosophen setzen natürlich Gott voraus. Damit gibt es dann noch ein weiteres Problem: Da sie Gott in der Regel die Eigenschaft der Allwissenheit zuordnen, müssen sie eigentlich annehmen, dass Gott auch weiß, was mit jedem einzelnen Menschen und der Welt als Ganzes geschieht. Die Lösung des Problems der Willensfreiheit wäre dann natürlich schnell gefunden: Es gibt kein Problem – alles ist von Gott vorherbestimmt. Tatsächlich war genau das die Schlussfolgerung von Martin Luther und noch mehr von Johannes Calvin. (Beide machten jedoch die etwas kuriose Einschränkung, dass der Mensch erst »nach dem Sündenfall« keinen freien Willen mehr habe.) Ob einer zur Hölle oder zum Himmel verdammt ist, hat Gott schon entschieden.

Indes wollten nicht alle christlichen Denker so weit gehen. Die Willensfreiheit war ihnen dann doch zu sehr ans Herz gewachsen. Aber was konnte man da machen? Natürlich könnte man sagen, dass Gott nun eben doch nicht ganz allwissend sei. Aber für eine solch gewagte Behauptung musste natürlich eine Begründung her.

In der Regel drehte es sich dann darum, dass Gott sich aus freien Stücken dazu entschieden hat, den Menschen Willensfreiheit zu geben, damit sie sich frei entscheiden können (natürlich möglichst für ihn) – denn ein freier Entschluss hat ja irgendwie mehr Gewicht als einer, der von vornherein feststeht.

Wir wollen gar nicht auf alle Widersprüche in dieser Doktrin eingehen, sondern nur festhalten, dass, wie auch immer die Willensfreiheit für den Menschen gesehen wurde, auf jeden Fall die göttliche Willensfreiheit unangetastet blieb.

Aber ein paar tiefsinnige Denker, wie beispielsweise Thomas von Aquin, erkannten schon, dass auch einem allmächtigen Gott Grenzen der Willensfreiheit gegeben sind: »Es ist eine Sünde, die Tatsache, dass Gott nicht das Unmögliche tun kann, als eine Einschränkung seiner Allmacht anzusehen.«

Leibniz ging noch weiter und behauptete, Gott habe nur diese Welt erschaffen können, weil er in seiner Allwissenheit natürlich wusste, was die beste Welt wäre und diese dann natürlich auch flugs hergestellt habe. Er (Leibniz, nicht Gott) machte dann noch einige gedankliche Verrenkungen, um zu begründen, warum diese Welt die beste aller möglichen sei, und versuchte auch den freien Willen noch irgendwie zu retten.

Solange ein Gott vorausgesetzt wurde, war die logische Konsequenz ein Fatalismus (also ein Glaube an ein von Gott vorherbestimmtes Schicksal), aber das ändert nicht viel an dem grundsätzlichen Problem der Willensfreiheit. Prinzipiell gab es ja immer noch den freien Willen, nämlich bei Gott.

146

Als sich die Philosophen nicht mehr zwangsweise auf Gott berufen mussten, wurde aus dem Fatalismus ein Determinismus. Determinismus heißt, dass alles feststeht, wenn es auch niemand vorher *bestimmt* hat. Die Welt mit ihren Natur»gesetzen« beinhaltet, was geschehen kann.

Aber man kommt sogar ohne Naturgesetze aus. Die Logik allein tut's auch schon. Der logische Determinismus besagt: Wir können alle möglichen Aussagen über die Zukunft machen. Alle Aussagen sind aber heute schon wahr oder falsch, auch wenn wir noch nicht wissen, was zutrifft. Aber wahr oder falsch sind sie eben heute schon – also muss aus rein logischen Gründen auch heute schon feststehen, was geschehen wird.

Der Gegensatz zum Fatalismus scheint also minimal. Der Determinismus sagt zwar, dass *wenn* die Vergangenheit anders verlaufen wäre, die Gegenwart anders aussähe. Aber durch die Umstände hatte ja auch die Vergangenheit nur so ablaufen können, wie sie eben ablief.

Nun, wie dem auch sei: Der naive, nicht philosophierende Mensch wird nur lachen und sagen: »Na, aber ich bin doch frei. Ich kann dir zum Beispiel zuhören oder nicht. Das hängt doch nur von meinem Willen ab« – und hält das wahrscheinlich für so selbstverständlich und sicher, dass jeder Zweifel daran als lächerliche Wortspielerei erscheint.

Und immerhin hat er ja mit dem größten Teil seiner Aussage Recht: Ob er zuhört oder nicht, hängt von seinem Willen ab. Aber das ist ja eigentlich nicht sehr aufsehenerregend. Natürlich hängt sein Tun von seinem Willen ab. Aber von was hängt denn sein Wille ab? Immerhin geht es ja um die *Willens*freiheit!

Der Nichtphilosoph wendet sich – völlig seiner selbst und seines scharfen Verstandes sicher – gelangweilt ab: »Aber *ich* selbst bestimme doch, was ich will!« und glaubt damit, tatsächlich etwas geklärt zu haben …

Auch das Wasser kann tun, was es will, schreibt Schopenhauer dazu ironisch und lässt das Wasser sprechen: »Ich kann hohe Wellen schlagen (ja! nämlich im Meer und Sturm), ich kann reißend hinabeilen (ja! nämlich im Bette des Stroms), ich kann schäumend und sprudelnd hinunterstürzen (ja! nämlich im Wasserfall), ich kann frei als Strahl in die Luft steigen (ja! nämlich im Springbrunnen), ich kann endlich gar verkochen und verschwinden (ja, bei 80° Wärme); tue jedoch nichts von dem allen jetzt, sondern bleibe freiwillig, ruhig und klar im spiegelnden Teich.«

Nun wird das wohl nur die wenigsten davon überzeugen, dass sich das Wasser wirklich frei entscheidet, ob es nun Wellen schlägt oder frei als Strahl in die Luft steigt. Es scheint offensichtlich, dass es gute Gründe dafür gibt, dass sich das Wasser so oder so verhält – und diese Gründe bestimmen letztendlich, was das Wasser »will«.

Aber wie gilt das denn für den Menschen? Ja, sicher, wenn er irgendwo hinabspringt, wird er hinunterfallen – das steht dann nicht mehr in seiner Wahl. Aber doch, *ob* er springt oder nicht! Also hat er keinerlei Grund zu springen? Ist es überhaupt denkbar, etwas tun zu wollen, für das man keinen Grund hat? Schwerlich, denn das hieße ja, zu denken, dass man etwas tun will, was man nicht tun will. (Was wohlgemerkt nicht etwa dasselbe ist, wie etwas zu tun, was man nicht will!)

Was man will, ist also durch die Motive bestimmt. »Motiv« heißt ja nichts anderes, als »das, was in Bewegung setzt«. Ein »Motiv« für einen Stein, zu fliegen, ist beispielsweise, geworfen zu werden. Ein Motiv für einen Menschen, zu fliegen, ist beispielsweise, seine Tante in New York zu besuchen. Aber ohne etwas, das in Bewegung setzt, ist eine Bewegung nicht leicht denkbar.

Wie ist es nun aber mit der Willensfreiheit, die doch jeder irgendwie erlebt? Ein jeder hat doch erst einmal das Gefühl: Ich habe die Wahl, ob ich meinen Kopf nach links oder rechts drehe (oder zumindest die Wahl, mir die Bewegung nach rechts oder links vorzustellen).

Vielleicht ist es so schwer, das grundsätzliche Problem verständlich zu machen, weil die Sprache etwas unklar ist. Natürlich kann ich mir zwei oder mehr Handlungsmöglichkeiten *vorstellen*. Und zwar dann und nur dann, wenn ich mir zwei oder mehr Handlungsmöglichkeiten vorstellen *will*. Und *ich* bin es, der entscheidet – es ist mein freier Wille, der mir die Möglichkeit gibt, mich frei zu entscheiden. Oder?

Es geschieht leicht, dass wir beginnen, uns im Kreise zu drehen. Deshalb wollen wir die Geschichte einmal von einer anderen Seite angehen.

Wir möchten Sie nun auffordern, in die Hände zu klatschen. Können Sie sich vorstellen, unserer Aufforderung nachkommen zu wollen, aber es dennoch »aus freiem Willen« nicht zu tun? Nun ist das ja ganz offenbar unsinnig! Sie können klatschen oder es bleiben lassen. Sie können tun, was Sie wollen. Aber darauf, was Sie wollen, haben Sie keinen Einfluss! Ihre Motive bestimmen, was Sie wollen.

Was heißt das nun? Ist alles »vorherbestimmt«? Heißt das gar, dass wir uns überhaupt nicht darum kümmern müssten, was wir tun, da wir gar keinen »freien Willen« haben?

Diese eigenartige Konsequenz haben tatsächlich einige Fatalisten gezogen. Was natürlich ziemlich voreilig ist. Wenn jemand sagt: »Ja, wenn alles vorherbestimmt ist, dann ist es ja gleichgültig, ob ich gut oder böse bin, ob ich mich sozial engagiere oder meinen Nachbarn mit der Axt erschlage …« gibt das vor allem ein etwas bedenkliches Bild seines inneren Zustandes. Aber es ist auch etwas kurz gedacht. Ja, natürlich wird er den Nachbarn töten, wenn das »vorherbestimmt« ist – doch ob das so ist, kann er erst dann feststellen, wenn er das subjektive Gefühl hat, sich dazu entschieden zu haben!

Denn die »Vorherbestimmtheit« ist letztlich nur eine prinzipielle – da wir ja nicht wissen, was »vorherbestimmt« ist, ändert es für unser Gefühl, frei zu entscheiden, ja absolut gar nichts! Zwar können wir, nachdem wir uns entschieden haben, wissen, dass diese Entscheidung nicht anders möglich war – doch eben nicht vorher.

Fällt es Ihnen schwer, das zu schlucken?

Stellen Sie sich doch einmal Folgendes vor: Sie haben jetzt doch gerade diese Zeilen freiwillig gelesen, gestern dieses oder jenes aus freiem Willen getan usw. Nun tut es auf einmal einen Knall, und ein übermenschliches Wesen steht vor Ihnen und zeigt Ihnen, dass es mit einer Gedankenmaschine genau bestimmt hat, was Sie gewollt haben. Glauben Sie im Ernst, dass sich Ihre nunmehr »echten« freien Entscheidungen irgendwie anders anfühlen würden?

Entscheidungsfreiheit, freier Wille und Determinismus sind, wenn wir es genau betrachten, doch nur

Aussagen über ein fehlendes Wissen. Der Fall eines Würfels ist beispielsweise durch die Natur»gesetze« genau vorherbestimmt, determiniert – aber da wir die vielen Faktoren nicht kennen, geschweige denn aus ihnen den Fall des Würfels berechnen können, ist die Augenzahl des Würfels nicht vorhersehbar, also für uns durchaus unbestimmt oder zufällig.

Eine andere Frage, die mit dem »freien Willen« zusammenhängt, ist die Frage nach Verantwortung, Schuld, Verdienst usw. Die Rede von der freien Wahl ist zwar gewissermaßen eine Illusion; wenn jemand etwas getan hat, ergibt es angesichts der gegebenen Umstände keinen Sinn zu sagen: »Er hätte auch anders handeln können.« So gesehen ist jedes moralische Urteil verfehlt. Wenn da nicht wieder das Nichtwissen wäre. Das moralische Urteilen kann dennoch gerechtfertigt sein, da es als Teil der zukünftigen Umstände von entscheidender Bedeutung sein kann. (Wenn sich hier natürlich irgendwie die Katze in den Schwanz beißt: Denn selbstverständlich ist auch das moralische Urteilen selbst nicht im prinzipiellen Sinne frei, sondern die Umstände führen dazu, dass jemand moralisch urteilt oder eben nicht …)

Aber nun zu etwas ganz anderem. Tatsächlich gibt es ja auch ernsthafte (im Gegensatz zu den naiven) Vertreter eines Indeterminismus. Der Weg zum Indeterminismus führt aber zwangsläufig zur Ablehnung des Grundsatzes, dass jedes Ereignis eine Ursache haben müsse. Dafür gibt es durchaus Argumente. Im 20. Jahrhundert hat die Quantenphysik solche Argumente geliefert. Es scheint nämlich so, dass bestimmte atomare Ereignisse tatsächlich indeterminiert sind – wohlgemerkt nicht nur, dass wir die Ursachen nicht kennen, sondern dass sich ergibt, dass es tatsächlich keine Ursache gibt. Diese Erkenntnis war ein schwerer Brocken für Einstein, der auch bis zu seinem Tode daran zweifelte. Nun könnte man vielleicht annehmen, dass, wenn es in der Quantenwelt Indeterminiertheit gäbe, dies doch auch gut für die Welt der menschlichen Gedanken der Fall sein könnte. Doch dieser Schluss scheint eher ein Kurzschluss zu sein.

Anstatt aber dies jetzt genauer zu begründen, wollen wir nachgeben und zugestehen, dass es doch der Fall sein könnte, dass sich Quantenphänomene auf den menschlichen Geist auswirken. Was aber wäre die Folge für den »freien Willen«? Nun, wir müssten eingestehen, dass Willensentscheidungen nicht determiniert, »vorherbestimmt« wären.

Aha! Also gibt es ihn doch, den freien Willen!

Nein, tut uns Leid. Auch die Quantenphysik macht den Willen nicht »frei«. Die Folgerung aus der Indeterminiertheit der Quantenphysik würde lediglich lauten: Manche Gedanken sind determiniert – der Rest ist Zufall.

Arthur Schopenhauer

>*»Wenn ein Gott diese Welt gemacht hat,*
>*so möchte ich nicht der Gott sein.*
>*Ihr Jammer würde mir das Herz zerreißen.«*
>(Arthur Schopenhauer)

Wenn die meisten Philosophen mit ihren Lehren letztendlich darauf abzielen, das Gute und Schöne zu betonen, so kommen einem doch in Anbetracht der Welt gewisse Zweifel. Wohl kaum ein anderer hat diese Zweifel so klar und unmissverständlich zum Ausdruck gebracht wie Schopenhauer. Darüber hinaus ist er auch einer der klarsten Philosophen, was nicht von geringer Bedeutung ist – denn, wie er selbst einmal sagte: »Es ist nichts leichter, als so zu schreiben, dass kein Mensch es versteht; wie hingegen nichts schwerer, als bedeutende Gedanken so auszudrücken, dass jeder sie verstehen muss.«

Am 22. Februar 1788 wurde Arthur Schopenhauer in Danzig geboren; sein Vater Heinrich war ein geschäftstüchtiger Kaufmann und Hobbyphilosoph, seine Mutter Johanna wird später eine der beliebtesten Schriftstellerinnen ihrer Zeit. Von beiden hat Arthur etwas: vom Vater den starken Charakter und das Interesse an der Philosophie und von seiner Mutter die Intelligenz und die schriftstellerische Begabung.

Ob seine Kindheit besonders glücklich gewesen ist, lässt sich bezweifeln; die Mama liest von morgens bis abends, kritzelt Dutzende von Tagebüchern voll und kümmert sich dabei herzlich wenig um den Sohn; schon früh beklagt sie sich in ihren Tagebüchern über die Altklugheit Arthurs. Bereits mit acht Jahren beginnt der altkluge Knabe, nach dem Vorbild seiner Mutter, seine Gedanken in Tagebüchern aufzuzeichnen.

1793 ziehen die Schopenhauers nach Hamburg um. Die Geschäfte des Vaters laufen gut, und Arthur wächst im Trubel des Geschäftslebens auf, allerdings ohne jemals besonderen Gefallen daran zu finden.

Als er neun Jahre alt ist, schickt ihn sein Vater zu einem Geschäftsfreund nach Le Havre. Dort bleibt er zwei Jahre lang und lernt perfekt Französisch – so gut, dass er zeitweise seine Muttersprache vergisst. Eigentlich möchte Arthur auf eine höhere Schule gehen und später einmal studieren, doch das hält der Vater nicht für sinnvoll; er ist ein durch und durch praktischer Mensch. Und so erhält sein Sohn eine lebenspraktische Bildung, indem ihn die Eltern

156

auf ihren zahlreichen Reisen durch ganz Europa mitnehmen; er sieht Frankreich, Belgien, die Schweiz und Deutschland; sechs Monate hält er sich in England auf und lernt Englisch – eine Sprache, die ihm so gut gefällt, dass er bis an sein Lebensende täglich die Times liest.

Als er sechzehn ist, überredet ihn sein Vater, eine Kaufmannslehre zu beginnen; wahrscheinlich wollte ihn der Vater möglichst schnell zu seinem Nachfolger im Geschäft machen, denn ihm geht es nicht gut, er leidet unter Depressionen und ertaubt allmählich. Vielleicht fürchtet er auch, dass er wie seine Mutter geisteskrank wird.

Am 20. April 1804 stürzt der Vater aus einem Speicher in den Kanal – ein Unfall oder Selbstmord? Man weiß es nicht.

Für Arthur ändert sich nun einiges. Zwei Jahre nach dem Tod des Vaters zieht die Mutter nach Weimar. Anscheinend war Johanna Schopenhauer mit ihrer Ehe nie so recht zufrieden, denn kaum ist ihr Mann tot, tritt sie für die freie Liebe ein – und in Weimar scheint dafür das Klima wohl eher geeignet. In ihrem Haus verkehren die geistigen Größen der Zeit, unter anderem Wieland, die Gebrüder Schlegel und Goethe.

Schopenhauer gibt den Kaufmannsberuf endgültig auf und holt das Abitur nach. Die Beziehung zu seiner Mutter ist ausgesprochen problematisch; die beiden verstehen sich nicht, und sie beschließen, getrennt zu wohnen.

»Du bist überlästig und unerträglich«, findet Frau Schopenhauer. »Deine guten Eigenschaften werden durch deine Superklugheit verdunkelt und für die Welt unbrauchbar.«

Immerhin darf er aber als Gast zu ihren Gesellschaften kommen. Dort lernt er unter anderem auch Goethe kennen, der Frau Schopenhauer gegenüber einmal meint, dass ihr Sohn gewiss berühmt werden würde. Damit trat er wohl ganz schön ins Fettnäpfchen, denn sie antwortete darauf nur spitz, dass sie noch nie gehört habe, dass es in ein und derselben Familie zwei Genies geben könnte. (Und sie hielt sich selbst schon mal für ein solches.)

Wieland rät Arthur zunächst vom Philosophiestudium ab, doch als dieser antwortet: »Das Leben ist eine missliche Sache, ich habe mir vorgesetzt, es damit hinzubringen, über dasselbe nachzudenken«, sagt der berühmte Dichter: »Junger Mann, ich verstehe jetzt Ihre Natur; bleiben Sie bei der Philosophie.«

Und so geschieht es denn auch. Schopenhauer beginnt, zunächst in Göttingen, dann in Berlin Philosophie – und nebenbei Chemie, Physik, Anatomie, Physiologie, Astronomie und Geographie – zu studieren. Schon zu dieser Zeit zeigt sich seine Vorliebe für beißenden Spott. Beim berühmten Philosophen Fichte hört er Wissenschaftslehre und schreibt dazu an den Rand seiner Notizen: »Ist es auch Wahnsinn, so hat es doch Methode.«

1813 promoviert er und kehrt dann nach Weimar zurück.

Er hat engen Kontakt zu Goethe und diskutiert mit ihm insbesondere seine Farbenlehre; außerdem lernt er die indische Philosophie und den Buddhismus kennen, die ihn tief beeindrucken.

Mit seiner Mutter versteht er sich nun überhaupt nicht mehr; als er ihr seine Doktorarbeit zeigt, meint sie nur spöttisch: »Das ist wohl ein Buch für Apotheker?«

»Man wird es noch lesen, wenn von deinen Schriften kaum mehr ein Exemplar in der Rumpelkammer stecken wird!«, entgegnet er, und sie wirft ihn raus. Obwohl sie noch 24 Jahre lebt, haben sich die beiden nie wiedergesehen.

Damit hat er auch genug von Weimar, er zieht nach Dresden, wo 1819 sein Hauptwerk *Die Welt als Wille und Vorstellung* entsteht.

Darin knüpft Schopenhauer zunächst an Kant an, indem er klarstellt, dass die Wirklichkeit eine lediglich vorgestellte ist; nicht die Dinge selbst erkennen wir, sondern lediglich Sinneswahrnehmungen. Die Kraft, die alles treibt, ist der »Wille« – etwas missverständlich ist dabei natürlich, dass im alltagssprachlichen Gebrauch unter »Willen« eigentlich stets der menschliche, mehr oder weniger bewusste Wille verstanden wird. Dieser ist für Schopenhauer lediglich ein Sonderfall; er spricht vom »Urwillen«, einem blinden, unaufhaltsamen, triebhaften Drang. Darauf gründet sich dann auch Schopenhauers tiefgründiger, alles umfassender Pessimismus – aus dem Wollen entsteht das Leiden (ähnlich wie es auch Buddha gesehen hat). Die Befreiung vom Leiden muss demnach durch eine völlige Verneinung des Willens möglich sein. Das wirft natürlich Probleme auf: Wie soll der Urwillen, der doch alles durchdringt und der allem zugrunde liegt, verneint werden? Hier muss sich Schopenhauer auf den unsicheren Boden der Metaphysik begeben. Er sieht einen zweistufigen Weg, das Leiden zu überwinden. Am Anfang muss die theoretische Einsicht in das Wirken und das Wesen des Urwillens stehen; das Leiden ist nur Erscheinung des Urwillens, aber selbst nichts Wirkliches. Auf der zweiten Stufe findet dann die praktische Überwindung des Leidens statt: durch Gelassenheit und Linderung des Leidens anderer durch Mitleiden – das Leiden der anderen ist eigenes Leiden. Das Werk endet bezeichnend mit dem berühmten »Nichts«.

Alles, was Schopenhauer später geschrieben hat, kann man als Erweiterung und Ergänzung zu seinem Hauptwerk ansehen. Meist wird das negativ verbucht, aber man kann es natürlich auch so sehen, dass er eben wirklich nachgedacht hat, bevor er zu schreiben begann.

Nachdem er sein Werk vollendet hatte, aufgrund dessen ihm, wie er glaubte, die Welt ein Denkmal setzen würde (16 Jahre nach der ersten Auflage schrieb ihm der Verleger, dass der Rest – der den überwiegenden Teil ausmachte – nunmehr als Altpapier verkauft werde), zog er nach Berlin, wo er sich habilitierte und Professor werden wollte. An Selbstbewusstsein fehlte es ihm wahrlich nicht – er betrachtete sich als den »heimlichen Kaiser der Philosophie« – und so legte er seine erste Vorlesung auf dieselbe Zeit, zu der der berühmte Hegel an derselben Universität las. Kaum jemand kam, und Schopenhauer gab beleidigt seine akademische Laufbahn auf.

Finanziell hatte er keine Probleme, da er ziemlich viel Geld geerbt und es gut angelegt hatte. Dass er es nicht nötig hatte, Philosophie als Broterwerb zu betreiben, rieb er seinen akademischen Kollegen allerdings kräftig und gern unter die Nase. Überhaupt hatte er keine besonders hohe Meinung von anderen Philosophen (und Schriftstellern) – mit Ausnahme von Platon, Aristoteles, Kant und den skeptischen englischen Philosophen. Schelling ist ein »Windbeutel«, Fichte der »Vater der Scheinphilosophie« und Hegel ein »Scharlatan und Unsinnsschmierer«, seine Philosophie eine Unsinnslehre und »Hegelei, ohne Wahrheit, ohne Klarheit, ohne Geist«. Selbst Kant, den er im Grunde sehr schätzt, kommt nicht immer gut weg; insbesondere kritisiert Schopenhauer Kants Moralphilosophie, die er als »bloße Verkleidung der theologischen Moral« erkennt. Gerade die praktische Vernunft Kants und sein kategorischer Imperativ, spottet er, ist ein »Delphischer Tempel, aus dessen finsterem Heiligtum Orakelsprüche, zwar leider nicht, was geschehen wird, aber doch, was geschehen soll, untrüglich verkündigen«.

Dass er mit derlei Sprüchen in akademischen Kreisen keine große Anerkennung findet, wird wohl kaum großes Erstaunen hervorrufen.

Neben Hegel greift Schopenhauer besonders Leibniz an. Leibniz meinte nämlich, dass die Welt die beste aller möglichen sei – eine optimistische Weltsicht, die Schopenhauers Pessimismus völlig entgegengesetzt ist und ihn zu einer bitteren Antwort veranlasst: »Und dieser Welt, diesem Tummelplatz gequälter Wesen, welche nur dadurch bestehen, dass eines das andere verzehrt, wo daher jedes Tier das lebende Grab tausend anderer und seine Selbsterhaltung eine Kette von Martertoden ist – dieser Welt hat man das System des Optimismus anpassen und sie uns als die beste unter den möglichen andemonstrieren wollen. Die Absurdität ist schreiend. … Woher hat denn Dante den Stoff zu seiner Hölle genommen als aus dieser unserer wirklichen Welt? Und doch ist es eine recht ordentliche Hölle geworden. Hingegen als er an die Aufgabe kam, den Himmel zu schildern, da hatte er eine unüberwindliche Schwierigkeit vor sich, weil eben unsere Welt gar keine Materialien zu so etwas darbietet.«

Er bleibt in Berlin, obwohl es mit der Professur nicht klappt. Wahrscheinlich hat das mit einer Liebesgeschichte zu tun, die immerhin zehn Jahre andauert; später schreibt er: »Sie war das einzige Wesen, das mir wahrhaft verbunden war.« Doch als 1831 in Berlin die Cholera ausbricht (während der auch Hegel stirbt), flüchtet er nach Mannheim; seine Geliebte folgt ihm jedoch aus familiären Rücksichten nicht, was ihm großen Kummer bereitet. Er lässt sich in Frankfurt am Main nieder, wo er bis an sein Lebensende bleibt.

In Frankfurt ist er bald als Original bekannt. Seine Kleidung ist die einer vergangenen Epoche, schon dadurch fällt er auf, aber auch seine Selbstgespräche, bei denen er lebhaft gestikuliert, prägen sich seinen Zeitgenossen ein. Mit seinem Pudel besucht er täglich das Wirtshaus, um dort die Menschen zu beobachten. Doch er bleibt einsam: »Mein Zeitalter und ich passen nicht füreinander.«

Schopenhauer ist schon über fünfzig, als ihn endlich doch noch erster Ruhm ereilt. Er hat eine Abhandlung geschrieben, *Über die Freiheit des menschlichen Willens*, die von der Königlichen Norwegischen Gesellschaft der Wissenschaften mit einem Preis gekrönt wird.

Wenige Philosophen haben das Problem der Willensfreiheit so klar analysiert wie Schopenhauer. Die naive Vorstellung ist die eines freien Willens, der sich scheinbar im täglichen Erleben zeigt. Doch diese Willensfreiheit ist eben nur eine scheinbare: Man kann natürlich zwei entgegengesetzte Handlungsweisen denken – doch das heißt ja nur, »dass er von zwei entgegengesetzten Handlungen, wenn er diese will, sie tun kann, und wenn er jene will, sie ebenfalls tun kann: Ob er aber die eine als die andere, im gegebenen Fall, wollen könne, bleibt dadurch unausgemacht.« Die Motive erzwingen letztlich die Entscheidung. Man kann nicht wollen, was man will!

Ab 1850 – Schopenhauer ist nun bereits über 60 Jahre alt – kann er nun doch noch erleben, dass er Anerkennung findet. Zunächst interessieren sich berühmte Schriftsteller und Künstler für ihn. Richard Wagner war von Schopenhauer begeistert und widmete ihm ein Exemplar seines *Ring des Nibelungen*, und Gelehrte aller Länder besuchten ihn oder standen zumindest in Briefwechsel mit ihm. Schließlich wurde sein Werk sogar in den Universitäten behandelt.

Lange konnte er sich allerdings nicht mehr in seinem späten Ruhm sonnen. Am 21. September 1860 ereilte ihn aus heiterem Himmel ein Herzschlag – sein Wunsch nach einem schnellen und einigermaßen schmerzlosen Tod war in Erfüllung gegangen.

Schopenhauer war ein Pessimist, so viel ist sicher. Allerdings war er philosophischer Pessimist, also nicht einfach ein »Miesmacher«. Und das ist schon ein Unterschied.

Wie ist es denn bei Ihnen? Sind Sie eher Optimist oder Pessimist? Und vor allem: Warum sind Sie dies oder jenes?

Philosophieren Sie nun mit uns ein wenig darüber, ob der Pessimismus vielleicht auch ein paar gute Seiten hat. Wir sind da ganz optimistisch.

Vom Nutzen des Pessimismus

»Das Schlimmste fürchten,
heilt oft das Schlimmste.«
(Shakespeare, Troilus und Cressida)

Im Allgemeinen herrscht die Ansicht, dass der Optimismus eine Lebenseinstellung ist, die dem Pessimismus durchaus vorzuziehen sei. Mit gutem Grund: Unsere Einstellungen beeinflussen unsere Wahrnehmung, unser Empfinden, ja sogar unsere Gesundheit. Jemand, der stets glaubt, ihm werde etwas Übles widerfahren, wird auch schneller das Negative wahrnehmen, eventuell es sogar »anziehen«. Wenn ich glaube, dass mir jederzeit ein Unfall passieren wird, werde ich vorsichtiger sein, mich angespannter bewegen und somit auch eher ein Missgeschick haben. Glaube ich, von Krankheiten zerfressen zu werden, fällt mir jedes kleine Unwohlsein auf, ich werde mich schneller krank fühlen, mich eventuell schonen, möglicherweise hypochondrisch werden und nicht zuletzt mein Immunsystem schwächen – diese erstaunliche Tatsache hat die Psychoneuroimmunologie festgestellt. Denke ich, ich sei nichts wert, werde ich mich selbst klein machen und tatsächlich immer weniger werden, da ich meine positiven Möglichkeiten nicht erkenne. Bei jemandem, dessen Lebenseinstellung optimistisch ist, werden die entgegengesetzten Phänomene auftreten.

In der Tat: Ein solcher Pessimismus ist nicht gerade empfehlenswert. Hat der Pessimismus – so wie er bei Schopenhauer oder in gewisser Weise auch im Buddhismus erscheint – dennoch einen Nutzen?

Schon die Grundthese des Buddhismus, »Leben ist Leiden«, stößt oft auf wenig Verständnis. Warum soll das Leben Leiden sein? Das Leben ist doch wunderbar! Natürlich gibt es zu bestimmten Zeiten leidvolle Erfahrungen, und möglicherweise ist das Leben eines verhungernden Kindes in Afrika oder eines chronisch Kranken tatsächlich hauptsächlich Leiden; doch ist es nicht bei vielen Menschen – gerade bei uns – so, dass der größere Teil des Lebens glücklich ist, mit nur wenig »Leid«? Warum stellen Schopenhauer und der Buddhismus das Leiden als Prinzip dar? Könnte man nicht genauso gut Freude als Grundprinzip betrachten: Leben ist Freude? Es mag wohl so sein – obwohl es die vielen grauen Gesichter, die einem Tag für Tag begegnen, nicht gerade nahe legen –, dass bei einigen oder sogar vielen Menschen die Freude überwiegt. Doch Leid und Freud' sind nicht »logisch symmetrisch«. Leiden und Schmerzen sind durch Freude nicht aufzuheben. Leiden hebt dagegen auch vergangene Freude auf. Eine solche Asymmetrie erscheint oft: Die Wahrheit oder Falschheit von Aussagen unterliegt beispielsweise einer solchen logischen Asymmetrie; die Wahrheit einer allgemeinen Aussage lässt sich nie mit absoluter Sicherheit zeigen – um die Falschheit einer allgemeinen Aussage zu beweisen, genügt hingegen ein einziger Fall.

Wenn Leben also Leiden ist: Ist dann nicht alles hoffnungs-, sinn- und nutzlos? In gewisser Weise ja. Kants vier Grundfragen der Philosophie: Was kann ich wissen? Was soll ich tun? Was darf ich hoffen? Was ist der Mensch? können allesamt mit Schopenhauers »Nichts« beantwortet werden. Die erste Frage haben wir bei Kant ausführlicher behandelt, hier wollen wir einmal die letzte beleuchten: Was ist der Mensch?

Gott, so glauben die Gläubigen, hat den Menschen nach seinem Ebenbild erschaffen (und der Mensch hat es ihm heimgezahlt, meinte Voltaire). Der Mensch, so möchten manche glauben, stelle die »Krone der Schöpfung« dar; nicht umsonst hat sich der Mensch in der biologischen Systematik als *homo sapiens sapiens*, als »weiser weiser Mensch« bezeichnet – in Anbetracht der tatsächlichen Gegebenheiten doch ziemlich erstaunlich. In den Stammbäumen der Entwicklung der Lebewesen steht der Mensch am Ende des höchsten Astes. Diese Stammbäume sind ein gutes Beispiel für die unglaubliche Selbstüberheblichkeit, zu der der Mensch fähig ist. Biologen drücken damit ihr Verständnis aus: Der Mensch ist der Höhepunkt der biologischen Entwicklung.

Betrachtet man eine solche Stammbaumzeichnung nun topologisch (die Topologie ist die Lehre von den räumlichen Beziehungen), so wird deutlich, dass *jeder* Ast jeder noch nicht ausgerotteten Lebensform »oben« stehen könnte. Ebenso kann jeder Ast ein »Seitenast« des Stammbaumes werden. Der Mensch ist weder das letzte Lebewesen, das sich entwickelt hat, noch das »höchste«.

Aber ist nicht der Mensch zumindest die Lebensform, die am erfolgreichsten ist? Hat er sich nicht die Natur untertan gemacht? Könnte er nicht, wenn er wollte, alle anderen Lebensformen besiegen? Hat er nicht Bewusstsein und Vernunft entwickelt?

Die Behauptung, der Mensch sei in irgendeiner Hinsicht die »erfolgreichste Lebensform«, ist einigermaßen unverständlich: Der Mensch existiert erst seit ca. einer Million Jahre; die meisten anderen Lebensformen (insbesondere die Insekten) haben unvergleichlich länger durchgehalten.

Dass sich der Mensch die Natur untertan gemacht habe, als Beweis für eine Höherentwicklung zu nehmen, anstatt als Beweis für eine Fehlentwicklung, ist auch eher zynisch als folgerichtig. Ähnlich ist es mit dem Argument, nur der Mensch hätte die Macht, alle anderen Lebewesen zu vernichten. Doch überdies ist es natürlich auch noch grundfalsch: Wer nur einmal versucht hat, Ameisen aus seinem Garten zu vertreiben, weiß, was gemeint ist. Der Mensch hat Bewusstsein entwickelt (hat *er* das wirklich getan?) und ist deshalb die höchste Lebensform? Mit dem gleichen Recht könnte der Zitronenbaum behaupten, er habe die Zitronen entwickelt und sei daher die höchste Lebensform. Es ist schon dreist, eine der eigenen Eigenschaften zu nehmen und dann zu behaupten, man sei irgendwie *besser*, weil man sie hat.

Wenn wir die Unermesslichkeit (zumindest mit einem handelsüblichen Maßband) des Universums in Betracht ziehen, so wird schon die Bedeutung des Menschen deutlicher. Die Erde ist nur ein winziger Felsbrocken, der um eine relativ kleine Sonne kreist. Allein in unserer Milchstraße gibt es Milliarden von Sonnen und darum kreisende Planeten, im Universum sind wiederum einige Milliarden Galaxien verteilt.

Nun haben sich auf der Erde komplexe organische Verbindungen gebildet, die schließlich in der Lage waren, sich selbst zu reproduzieren und in der Folge den gesamten Planeten mit einer hauchdünnen

170

Schicht ihrer selbst und ihrer Stoffwechselprodukte zu überziehen. Eines dieser Ergebnisse der Entwicklung ist der Mensch und sein Bewusstsein.

Mit einiger Berechtigung könnte man sogar behaupten, dass es nur eine einzige Lebensform auf der Erde gibt: das DNS-Molekül. Die »Lebewesen« sind lediglich Mittel, mit denen das Molekül für seine Verbreitung sorgt.

Die Frage nach einem »höheren Sinn« erübrigt sich danach wohl. Auch eine Hoffnung, beispielsweise auf ein Leben nach dem Tod, ist nach dieser Sicht der Dinge nicht angemessen.

Dieser Pessimismus klingt nun zunächst recht trostlos und verzweifelt. Interessanterweise wird er das jedoch erst vom Standpunkt des Optimismus aus. Natürlich: Wenn man an Götter, lebende Tote oder Seelen glaubt, wenn man daran glaubt, dass dereinst Besseres kommt, so kann das Ängste verdrängen und möglicherweise auch eine frohe, hoffnungsvolle Lebenseinstellung mit sich bringen. Dass nicht viel für das Gehoffte und Geglaubte spricht, wird dabei großzügig übersehen. Doch sollte sich der Philosoph nicht darum bemühen, zu erkennen? Wenn ja, dann kann er natürlich nicht einfach unangenehme Dinge ausblenden.

Der Pessimismus bietet also tatsächlich keine Hoffnung und keinen Sinn an; er *konstruiert* diese auch nicht. Doch er befreit auch: von herrschsüchtigen Göttern, von der Angst vor dem Tod, von der Angst vor dem Leben. Ein verzweifelter Pessimist ist nur ein enttäuschter Optimist. Der philosophische Pessimist ist heiter.

Zum Tod hat Schopenhauer beispielsweise Folgendes geschrieben: »Wenn, was uns den Tod so schrecklich erscheinen lässt, der Gedanke des *Nichtseins* wäre, so müssten wir mit gleichem Schauder der Zeit gedenken, da wir noch nicht waren. Eine ganze Unendlichkeit ist abgelaufen, als wir *noch* nicht waren; aber das betrübt uns keineswegs. Hingegen, dass nach dem momentanen Intermezzo eines ephemeren Daseins eine zweite Unendlichkeit folgen sollte, in der wir *nicht mehr* sein werden, finden wir hart, ja unerträglich.« Er fährt ironisch fort: »Sollte nun dieser Durst nach Dasein etwa dadurch entstanden sein, dass wir es gekostet und so gar allerliebst gefunden hätten?«

Der pessimistische Zugang zur Welt ist von Gleichmut gekennzeichnet, einem Gleichmut, der frei und heiter und keinerlei Anlass zur Verzweiflung ist: Das Leben ist wie ein Film. Selbst wenn es ein schlechter Film ist – es schadet ja auch nichts, ihn sich einmal anzusehen. Denn wer weiß, ob nicht doch noch eine interessante Wendung oder ein versöhnlicher Abschluss zu sehen sein wird? Und ohnehin ist ja der Film bald zu Ende …

172

Platon

*»Vom Schönen und Weisen
und Guten nähren sich
und an diesem wachsen die Flügel der Seele.
Am Hässlichen und Bösen
welken sie und fallen ab.«*
(Platon)

Neben Aristoteles ist Platon wahrscheinlich der einflussreichste Philosoph des Abendlandes und neben Sokrates wohl der berühmteste. Die »rationale« technologische Denkweise des Abendlandes geht zum großen Teil auf Platons Schüler Aristoteles zurück; der Glaube an eine unsterbliche Seele und an einen Schöpfergott auf Platon selbst. Den großen Einfluss Platons hat ein Philosoph unseres Jahrhunderts, Alfred North Whitehead, mit den Worten zusammengefasst: »Die ganze Geschichte der abendländischen Philosophie ist lediglich eine Folge von Fußnoten zu Platon.« (Ob das nun für die abendländische Philosophie, für Platon oder für keines von beiden spricht, ist wieder eine andere Sache …)

427 Jahre vor unserer Zeitrechnung – Sokrates war bereits 43 Jahre alt – wurde in Athen ein Junge geboren. Die Eltern – Vater Ariston und Mutter Periktone – stammten aus alten, adligen Familien, und der Junge wurde nach dem Großvater väterlicherseits Aristokles genannt. Den Namen »Platon« gab ihm erst Jahre später sein Sportlehrer, wohl wegen seiner breiten Stirn.

Dem Knaben fehlte es nicht an materiellen und geistigen Gütern; die Familie war eine der reichsten und angesehensten in Athen und ließ ihre Kinder von den besten Lehrern unterweisen. Platon war nämlich kein Einzelkind, sondern der dritte Sohn. Seine Brüder hießen Adeimantos und Glaukon, und es wurde dann auch noch eine jüngere Schwester, Potone, geboren.

Platon war noch ein Kind, als sein Vater starb; seine Mutter heiratete noch einmal, ihren Cousin Pyrilampes, und so bekam Platon noch einen Halbbruder, Antiphon. Platon muss wohl seiner Familie ziemlich verbunden gewesen sein, denn seine Brüder und auch andere Verwandte tauchen immer wieder in seinen Dialogen auf, und sein Neffe Speusippos (der Sohn seiner Schwester) wird schließlich sogar sein Nachfolger in der Leitung seiner Akademie.

Platon genießt eine umfangreiche Bildung: Insbesondere in Musik, Dichtung, Mathematik und Sport tut er sich hervor. Schon als Kind hat er zwei Ziele: Er möchte Politiker und Dichter werden. Als Dichter beginnt er bereits in jungen Jahren und schreibt einige Tragödien – die er dann allerdings, als er Sokrates kennen lernt, wieder verbrennt. Aber seine schriftstellerische Ader kommt auch in seinen philosophischen Werken, die er in großer Anzahl verfasst, zum Ausdruck.

Apropos Sokrates: Schon als Zwölfjähriger trifft Platon zum ersten Mal auf den berühmten Philosophen und ist schwer beeindruckt. Acht Jahre später, Sokrates ist bereits über sechzig, schließt er sich der Gruppe junger Adliger an, die sich den »weisesten Mann Griechenlands« zum Vorbild gewählt haben. Platon ist – wie so viele – absolut hingerissen von der Persönlichkeit seines Lehrers. Sokrates' Form des Philosophierens, das Gespräch, versucht Platon in seinem gesamten Werk beizubehalten – indem er alles, was er schreibt, als Dialog verfasst. Langsam beginnt er auch an seinem Ziel, einer politischen Karriere, zu zweifeln; aber die Zweifel halten sich noch in Grenzen. Jedenfalls will er nun zumindest ein philosophischer Politiker werden.

Als Platon 23 Jahre alt wird, kommt es zur Revolution in Athen, und Platons Verwandte gehören zu den Anführern. Der junge Platon wird aufgefordert, sich zu beteiligen, doch er zögert. Bald darauf ist er sehr froh, dass er gezögert hat, denn es kommt zunehmend zu einer Art Terrorregime – und damit will er nun wirklich überhaupt nichts zu tun haben. Diese Phase dauert glücklicherweise nur kurz, und bald ist die Demokratie wiederhergestellt. Nun ist Platon wieder am Zweifeln: Ob er nicht doch in die Politik gehen soll? Doch dann geschieht etwas, was ihn von diesen Überlegungen gründlich kuriert, der größte Schock seines Lebens: Sokrates wird angeklagt und zum Tode verurteilt.

Platon ist zutiefst erschüttert. Sein Vertrauen in die Gerechtigkeit in der Politik ist auf dem Nullpunkt angelangt; er verlässt Athen und wandert ins etwa 50 Kilometer entfernte Megara, wo Euklides lehrt, dass das Gute das Göttliche sei. Auch hier holt sich Platon wahrscheinlich einige wichtige Bausteine für sein späteres Denkgebäude.

Als 32-Jähriger kehrt er nach Athen zurück und nimmt am Korinthischen Krieg teil. Danach beginnt seine erste große Schaffenszeit. Er verfasst die Dialoge, in denen uns das Leben, die Philosophie und der Tod des Sokrates überliefert sind.

Immer noch ist er vor allem der reiche Sohn. Er bildet sich, liest, schreibt und studiert. Als er vierzig Jahre alt ist, meint er wohl, dass er etwas mehr von der Welt sehen müsste, und begibt sich auf Bildungsreise – auf die so genannte »Erste Sizilische Reise«.

Wie dieser Name schon vage andeutet, geht die Reise unter anderem nach Sizilien – damals eine Art griechische Kolonie. Die Reise lohnt sich: Er befreundet sich mit den Pythagoreern, die den Lehren ihres berühmten Meisters Pythagoras folgen, der vor über 100 Jahren gestorben war. Sie führen ein relativ asketisches Leben, vertreten die Ansicht, dass es eine unsterbliche Seele gäbe und die nicht minder seltsame Vorstellung, dass alle Dinge letztendlich Abbilder von Zahlen seien. Platons Philosophie schöpfte wahrscheinlich auch aus diesen Quellen.

In Syrakus lernt Platon Dion, den Neffen des Diktators Dionysios I., kennen. Der 20-jährige Dion ist von dem Philosophen beeindruckt und wird sein Anhänger und Freund. Da Platon nun schon den Neffen des Tyrannen kennt, will er jetzt auch den Herrscher selbst zu seiner Philosophie bekehren – er rät ihm zur Mäßigkeit, drängt ihm seine Ideenlehre auf und spricht von Gerechtigkeit in einem philosophischen Staat. Kurz, er macht sich bei Dionysios so unbeliebt, dass er in große Schwierigkeiten gerät und schließlich sogar als Sklave verkauft wird. Doch immerhin hat er Glück im Unglück. Der Käufer ist Grieche, und als sich Platon als Athener und Schüler des Sokrates zu erkennen gibt, wird er freigelassen. Alles in allem war die Reise zwar kein durchschlagender Erfolg, aber sein

Ziel, Erfahrungen zu sammeln, hatte er wohl erreicht.

Es beginnt nun eine sehr fruchtbare Phase in seinem Leben. Der wichtigste Schritt, den er unternimmt, als er wieder nach Athen kommt, ist die Gründung seiner Akademie, in der er Schüler um sich sammelt. Diese Akademie ist außerhalb von Athen in einer Art ländlichen Idylle gelegen. In dieser Schule – von der auch einmal gesagt wurde, sie sei die erste europäische Universität – lernt, diskutiert und forscht ein fester Kreis junger, meist adliger oder zumindest begüterter Menschen gemeinsam mit Platon und unter seiner Anleitung. Die Ausbildung beschränkt sich nicht auf Philosophie im engeren Sinne, sondern ist durchaus lebenspraktisch ausgerichtet. Unter anderem werden auch Politik (viele der Schüler machen später als Politiker Karriere) und Mathematik gelehrt. Der Ruf Platons und seiner Akademie verbreitet sich schnell und zieht Hörer aus ganz Griechenland an. Mit unseren heutigen Schulen und Universitäten ist die Akademie allerdings nur bedingt zu vergleichen – es wurden gemeinsame Feste gefeiert, gemeinsame Mahlzeiten eingenommen und gemeinsam diskutiert.

Platon vermied bei der Leitung seiner Akademie alles Geschäftsmäßige – insbesondere war ihm der Verkauf geistiger Güter zuwider – und die Mitglieder der Akademie waren *philoi*, Freunde (die er »platonisch« liebte; aber ob die platonische Liebe wirklich so durchgeistigt war, wie man heute meint, ist etwas fraglich: Platon war wohl, wie viele seiner Zeitgenossen, eher dem männlichen Geschlecht zugetan). Da die ganze Sache jedoch auch irgendwie finanziert werden musste, nahm er gerne Spenden an, die dank seiner guten Verbindungen auch reichlich flossen.

In dieser ersten Zeit der Akademie schreibt Platon auch sein wichtigstes Werk, die *Politeia*. Darin werden die verschiedensten Gebiete, wie Ethik, Politik, Religion und Erziehung, abgehandelt. Unter anderem schwebt ihm darin ein Staat vor, an dessen Spitze ein Philosophenkönig steht – der natürlich in platonischer Philosophie ausgebildet ist. Der Kern der platonischen Philosophie ist die so genannte Ideenlehre. Grob gesagt geht es dabei darum, dass die Dinge, die wir sehen und denken, nicht die wirklichen Dinge sind, sondern nur unvollkommene Abbilder der wahren Dinge. Zum Beispiel ein Kreis: Ein Kreis, den wir zeichnen und sehen können, ist immer unvollkommen, doch die Idee des Kreises, nämlich eine Linie, deren Punkte alle die gleiche Entfernung von einem Mittelpunkt haben, ist der vollkommene – allerdings nicht sichtbare – ideale Kreis. (Das klingt zwar auf den ersten Blick plausibel; aber im Grunde handelt es sich einfach um eine Herstellungsvorschrift, die ja selbst keineswegs ein Kreis ist.) Immerhin hat Platon damit das so genannte »Universalienproblem« entdeckt (die Frage nach der Beziehung zwischen Einzelnem und Allgemeinem), das bis heute als eines der Hauptthemen der abendländischen Philosophie gilt.

Platon hat seine Anschauungen immer wieder in anschaulichen Bildern dargestellt; am bekanntesten ist wohl sein eindrucksvolles »Höhlengleichnis«, mit dem erläutert werden soll, wie sich unsere gewöhnliche Wahrnehmung der Dinge von den »wahren« Dingen, den Ideen oder Formen unterscheidet und wie die Erkenntnis dieser Ideen möglich ist:

Tief in einer Höhle sind Menschen mit dem Rücken zum Ausgang gefesselt, sodass sie nur die Höhlenwand sehen können. Hinter ihnen brennt ein Feuer, vor dem Dinge (die wahren Formen) vorbeiziehen; die Schatten dieser Formen werden also an die Höhlenwand geworfen – das ist alles, was die Gefesselten in der Höhle erkennen können. Da sie nichts anderes kennen, sind dies zunächst die wirklichen, veränderlichen Dinge für sie, von dem Feuer und den wahren Dingen hinter ihnen und außerhalb der Höhle wissen sie ja nichts. Nun kann sich einer dieser Menschen von seinen Fesseln befreien. Er wendet sich dem Ausgang zu und ist geblendet und verwirrt, doch schließlich wagt

180

er, den Weg aus der Höhle zu gehen. Die Sonne blendet ihn so, dass er zunächst nichts erkennen kann, doch allmählich gewöhnt er sich an das Licht und erkennt nun zum ersten Mal die wirkliche Welt. Dann kehrt er in die Höhle zurück, um den anderen Gefesselten die Wahrheit zu verkünden und sie zu befreien, doch das ist nicht leicht, da sie ihm nicht glauben wollen.

Der Befreite steht dabei natürlich für den Philosophen (den platonischen, versteht sich), und die Gefangenen sind die uneinsichtigen Menschen. Der Weg aus der Höhle ist der Erkenntnisprozess, der schwierig und verwirrend ist.

Damit wird schon deutlich, dass Platon die sinnlich erfahrbare Welt eher gering schätzt. Auch ist bei dieser Sicht der Dinge der Weg zu Jenseitsvorstellungen und einer unsterblichen Seele nicht mehr weit. Platon behauptet beides und entwirft schließlich sogar die These von einem Schöpfergott – er nennt ihn *demiurgos*, wörtlich: Handwerker – wie es ihn auch im Christentum gibt. Das hat über 2000 Jahre später den Philosophen Nietzsche dazu veranlasst zu sagen, dass das Christentum lediglich Platonismus fürs Volk sei.

Neben der Ausarbeitung seiner Philosophie unterrichtete Platon aber natürlich weiterhin an seiner

Akademie, die immer größere Berühmtheit erlangte – auch wenn sich die Athener eher über ihn lustig machten. Fast zwanzig Jahre lang bestand die Akademie nun schon, und alles nahm ruhig seinen Gang. Doch dann geschahen zwei Dinge, die Platons Leben – immerhin war er nun schon 60 Jahre alt – wieder in unruhigere Bahnen lenkten.

Zum einen kam aus dem fernen Stageira ein 17-jähriger, äußerst begabter Schüler, der Sohn eines Leibarztes des makedonischen Königshauses: Aristoteles. Doch zunächst kann sich Platon gar nicht richtig um seinen begabten Schüler kümmern – wie begabt Aristoteles wirklich ist, wird sich erst viel später herausstellen –, denn er hat gerade einen Brief von seinem Freund Dion aus Sizilien erhalten. Dieser Brief ist eine Einladung und enthält eine interessante Nachricht: der alte Tyrann, Dionysios I., ist gerade gestorben und sein junger Nachfolger, Dionysios II., sitzt nun auf dem Thron – ein Cousin Dions. Dion schlägt Platon vor, hier seine philosophischen Gedanken umzusetzen und den jungen Herrscher zum Philosophenherrscher, wie er Platon vorschwebt, zu machen. In seinen 60 Lebensjahren hat Platon so einige Erfahrungen mit der Politik gesammelt und so zögert er zunächst. Doch ihm ist auch klar, dass er mit einer Ablehnung seine Glaubwürdigkeit verlieren würde – seine gesamte Staatstheorie wäre doch ohne den Versuch, sie in die Realität umzusetzen, nicht viel mehr als hohles Geschwätz. Wenn's dem alten Esel zu wohl wird, geht er aufs Eis. Oder eben nach Sizilien. Platon tritt seine Zweite Sizilische Reise an.

Der Versuch, den jungen Herrscher zu beeinflussen, misslingt gründlich. Zunächst zeigt dieser sich zwar noch einigermaßen zugänglich, doch seinen Lebensstil, der nicht dem asketischen platonischen Ideal entspricht, will er nicht aufgeben. Andererseits möchte er sich schon gerne mit dem berühmten Philosophen Platon schmücken und lässt ihn deshalb nicht wieder nach Hause reisen. Erst als er anderweitig mit einem Krieg beschäftigt ist, erhält Platon – nach zwei Jahren – die Erlaubnis zur Heimkehr.

Vier Jahre widmet sich Platon nun wieder seiner Akademie und sieht Aristoteles heranreifen. Ganz glücklich ist er mit seinem genialen Schüler allerdings nicht, denn der hat ganz eigene Ideen. »Aristoteles schlägt gegen mich aus, wie ein junges Fohlen gegen seine Mutter«, seufzt er einmal.

Platon ist nun schon 66 Jahre alt, da kommt wieder einmal ein Brief aus Sizilien. Diesmal schreibt ihm Dionysios selbst und lädt ihn ein. Er sei nun endlich bereit, sich ernsthaft dem Philosophieren zu widmen. Nebenbei lässt er durchblicken, dass es nicht gerade zum Vorteil für Dion, Platons Freund, wäre, würde Platon sich weigern zu kommen. Das gibt schließlich den Ausschlag. Platon sagt zu – wahrscheinlich hatte er ja auch wirklich die Hoffnung, nun doch noch seinen Philosophenkönig auszubilden. So geht es denn auf die Dritte Sizilische Reise. Um es vorwegzunehmen: Auch diese Reise wird ein Flop – der größte, den Platon überhaupt erlebte.

Ein Kriegsschiff holt ihn und zwei seiner Schüler, Xenokrates und Speusippos, ab. Zunächst klingt alles, was Dionysios verspricht, ganz nett, aber letztendlich ist er doch nicht bereit, Platons Ratschlägen zu folgen. Heimkehren darf der geschätzte Philosoph jedoch auch nicht, und sein Freund Dion hat auch einige Nachteile in Kauf zu nehmen. Schließlich gelingt es Platon, einen geheimen Brief an Archytas in Tarent zu schicken, der dann mit diplomatischem Druck dafür sorgt, dass Platon freikommt.

So weit, so gut – wäre es dabei geblieben, wäre es eben ein Fehlschlag gewesen, wie die zweite Reise. Doch es sollte noch schlimmer kommen: Dion stürzte nun den Tyrannen – unter Mitwirkung von Mitgliedern aus Platons Akademie. Es entsteht ein Bürgerkrieg, aus dem Dions Partei siegreich hervorgeht. Dion will gerade einige Reformen in Gang bringen, da wird er von einem anderen Mitglied der Akademie ermordet: Der Skandal ist perfekt, und Platons Gegner ergießen ihren Spott über den Meister. Platon ist frustriert und verbittert. Er führt die Akademie zwar weiter, und der Skandal ist nach einigen Jahren auch vergessen, doch seinem Spätwerk ist der Schock der dritten Reise anzumerken. Es klingt im Gegensatz zu seinen früheren Werken schon sehr resigniert, wenn er schreibt, der Mensch sei nur eine Marionette des Schicksals, und wenn ein Mensch über Macht verfüge, würde er unweigerlich dadurch verdorben werden. Auch von seinem Philosophenherrscher nimmt er Abstand und stellt stattdessen einen Entwurf für einen Rechtsstaat auf. Von seiner Ideenlehre bleibt auch nicht mehr viel übrig.

Im Alter von 80 Jahren stirbt Platon in Athen und wird von seinen Schülern im Garten der Akademie begraben. Die Akademie besteht weiter; ihr neuer Leiter ist Platons Neffe Speusippos und nicht sein genialer Schüler Aristoteles, der daraufhin beleidigt abzieht, aber der bei weitem wichtigste und einflussreichste aller Schüler Platons wird.

Einer von Platons einigermaßen originellen Gedanken bestand darin, dass er vermutete, dass der Mensch eine Seele habe und dass die Welt von einem Schöpfergott gemacht worden sei. Heute klingt das natürlich nicht sonderlich aufsehenerregend, da diese Idee ja eine gewisse Verbreitung gefunden hat. Wie ist das eigentlich mit Gott? Ist es selbstverständlich, dass irgendein höheres Wesen die Welt geschaffen hat? Und wie könnte ein solches Wesen denn aussehen?

Die Menschen haben sich dazu vielerlei Gedanken gemacht. Und einige Philosophen haben sogar versucht, Beweise für Gott zu finden. Wir wollen einmal versuchen, ein paar davon nachzuvollziehen.

Eine kurze Geschichte Gottes

»Gott? Diese Hypothese
brauche ich nicht.«
(Laplace)

Platon war wohl einer der Ersten im Abendland, der an *einen* Gott glaubte. Natürlich war das auch der Ausfluss seiner Ideenlehre – hinter all den Göttern, meinte er, müsste doch die *Idee* des Göttlichen stecken. Und die Ideen sind bei Platon ja das Wirkliche. Allerdings belegte Platon seinen Demiurgos, seinen Handwerkergott, bereits mit Eigenschaften wie Allwissenheit und Güte (die ja bekanntlich auch dem Gott Jahwe zu eigen sind – Sie wissen schon: der, der die ägyptischen Kinder umbrachte, die Welt überflutete und diverse andere Metzeleien veranstaltete). Wie auch immer, es ist ein Schöpfergott, im Gegensatz zu dem umfangreichen Pantheon der griechischen Götter, die eher so eine Art Super-High-Society darstellen. Und das war damals schon eine Neuigkeit, die Verwunderung und Kopfschütteln hervorrief. Wieso gerade *ein* Gott? Dem muss doch todlangweilig werden.

Mit dem Erschaffen eines Gottes begnügt sich Platon jedoch nicht; auch ein Jenseits und eine unsterbliche Seele mussten her. Das Ganze kommt uns heute nicht mehr sonderlich sensationell vor, denn die im Westen vorherrschende Religion, das Christentum, glaubt ja wie Judentum und Islam ebenfalls an *einen* Gott (auch wenn er dort dreigeteilt wird).

Platons Schüler Aristoteles tat es seinem Meister nach und machte sich alsbald daran, Gott zu beweisen. Bei ihm ist Gott der »erste unbewegte Beweger«: alles Wirkliche ist in steter Bewegung und Veränderung begriffen, erste Ursache dieser Bewegung ist Gott (*Bewegungsbeweis*). Neben der Unbewegtheit schreibt Aristoteles diesem Gott auch noch Leben und Vernunft zu.

Zunächst einmal fanden die Leute (insbesondere die Philosophen) diese Gottesbeweise eher öde und kümmerten sich nicht weiter darum, aber mit dem Aufkommen des Christentums gab es dann doch wieder das Bedürfnis, einen Gott zu beweisen. Augustinus (354-430) nahm an, dass die Vernunft stets das Unendliche als das Wahre und Gute voraussetzt und daher durch das Denken selbst der Weg zu Gott vorgezeichnet sei (*noologischer Gottesbeweis*). Bezeichnenderweise wird die Philosophie Augustinus' als Neuplatonismus bezeichnet.

Im Mittelalter, genauer gesagt der Scholastik, in der

versucht wurde, christliches und philosophisches Denken miteinander zu verbinden, erlebten die Gottesbeweise eine Blütezeit.

Anselm von Canterbury (1033-1109) entwarf einen äußerst trickreichen, nämlich den *ontologischen* Gottesbeweis: Zur Vorstellung des Vollkommenen gehört seine Existenz. Dem nur vorgestellt Vollkommenen fehlt etwas, nämlich das Sein. Gott ist nun *per definitionem* vollkommen – daraus folgt, dass er auch existieren muss.

Thomas von Aquin (1225-1274) fiel auf diesen Trick nicht herein – logische und reale Ebene werden vertauscht – und nennt gleich zwei neue Gottesbeweise, zusätzlich zu den drei bereits erwähnten.

Der *kosmologische* Gottesbeweis läuft so ziemlich auf dasselbe hinaus wie der Bewegungsbeweis, nur dass es diesmal nicht um die Bewegung geht. Alles Verursachte hat eine Ursache – und die letzte Ursache ist dann Gott. Warum nun gerade Gott (und nicht Materie, Energie oder der Fischhändler) die letzte Ursache sein soll, wird damit allerdings keineswegs deutlich; und auch, dass diese letzte Ursache dann überdies noch gütig ist und der Sohn dieser Ursache dadurch, dass er an eine Holzlatte genagelt wird, die Menschheit von der Sünde befreit, geht aus dem Beweis nicht mit letzter Klarheit hervor.

Der *teleologische* Gottesbeweis geht von dem Entgegengesetzten aus: vom Ziel. Alles strebt angeblich auf ein Ziel zu – und dieses letzte Ziel ist dann natürlich wiederum Gott, inklusive Jesus und einem überaus heiligen Geist.

Nach Thomas von Aquin schien das Thema Gottesbeweise erst einmal ausgereizt. Erst 400 Jahre später kam wieder einmal ein neuer Versuch, Gott zu beweisen. Allerdings fiel der Versuch nun schon wesentlich bescheidener aus: Der Philosoph und Mathematiker Blaise Pascal (1623-1662) versuchte weniger, Gott selbst zu beweisen, als Gründe dafür anzugeben, weshalb man an ihn glauben sollte. Witzigerweise bediente er sich dazu der Wahrscheinlichkeitstheorie; es handelt sich also sozusagen um einen *statistischen* Gottesbeweis. Und das geht so: Es gibt zwei Möglichkeiten: Entweder es gibt Gott, oder es gibt ihn nicht. Weiterhin gibt es zwei Möglichkeiten des Glaubens: Entweder man glaubt an Gott, oder man tut's nicht. Betrachtet man sich nun die Konsequenzen aus der jeweiligen Kombination, so ergibt sich Folgendes:

1. Es gibt Gott und man glaubt an ihn.
2. Es gibt Gott und man glaubt nicht.
3. Es gibt Gott nicht und man glaubt dennoch.
4. Es gibt Gott nicht und man glaubt auch nicht dran.

Gibt es nun Gott, so ist es ratsam, an ihn zu glauben; wenn man nicht an ihn glaubt, wird es sich *möglicherweise* nicht negativ, aber sicherlich nicht positiv auf das Leben nach dem Tod auswirken.

Gibt es keinen Gott, muss man natürlich nicht an ihn glauben, aber es schadet ja auch nichts, wenn man es trotzdem tut und sich eben irrt.

Fassen wir nun zusammen: Wenn wir an Gott glauben, ist es gut für uns, wenn es ihn gibt, und egal, wenn es ihn nicht gibt. Glauben wir dagegen nicht, so ist es ebenfalls egal, wenn es ihn auch nicht gibt, aber möglicherweise negativ, falls es ihn doch geben sollte. Daraus folgt, meint Pascal, dass ein vernünftiger Mensch an Gott glauben sollte.

Der Trick scheint vielleicht auf den ersten Blick recht plausibel; der Haken steckt darin, dass ja die Möglichkeiten Gott – Nichtgott keineswegs äquivalent sind. Nichtgott ist *eine* Möglichkeit, Gott jedoch *viele*: der Christengott, der Gott der Juden, der Moslems, die Götter der Naturvölker, der Griechen, der Römer usw. Das Glauben an den falschen Gott ist ja nun vielleicht noch schlimmer, als an gar keinen Gott zu glauben (diese Götter sind ja schnell beleidigt). Daraus würde dann folgen, dass man vernünftigerweise an gar keinen Gott glauben sollte.

Als letzter hat sich Kant (1724-1804) mit Gottesbeweisen auseinander gesetzt – und sie gründlich auseinander genommen. Irgendwie bekam Kant dann aber Angst vor der eigenen Courage und bastelte sich doch noch eine Art Gottesbeweis zusammen: den *moralischen* Gottesbeweis, der darauf hinausläuft, dass die Menschen deshalb an Gott glauben sollten, weil sie sich sonst gegenseitig die Schädel einschlagen (und das ohne geweihte Waffen). Der Kirche behagte diese Art Gottesbeweis nicht besonders; jedenfalls ist das Gottesbeweisen seit Kant selbst in der Theologie aus der Mode gekommen.

Georg Wilhelm Friedrich Hegel

»Wer die Welt vernünftig ansieht,
den sieht auch sie vernünftig an.«
(G. W. F. Hegel)

Wenn man nach dem Philosophen fragt, der die neuere Geschichte am nachhaltigsten beeinflusst hat, so wird man an Hegel kaum vorbeikommen. Man könnte durchaus behaupten, dass ohne Hegel die Welt heute nicht die wäre, die sie ist. Denn dieser Philosoph prägte unter anderem Denker wie Marx und Engels, die bekanntermaßen die Lehre des Kommunismus begründeten, der, wie ja ebenfalls nicht ganz unbekannt sein dürfte, einen Großteil der Geschichte des 20. Jahrhunderts mitbestimmt hat. Wie auch beim Kommunismus, so scheiden sich schon bei der Beurteilung Hegels die Geister. Während ihn viele als einen der größten Denker betrachteten, verachteten ihn andere als »Unsinnsschmierer« und sahen seine Lehre als »obskure Geheimwissenschaft« an.

Als der Stuttgarter Familie Hegel am 27. August 1770 ein Sohn geboren wird, mögen sich die Eltern, wie es Eltern eben manchmal tun, vielleicht ausgemalt haben, dass ihr kleiner Georg Wilhelm Friedrich einmal etwas Besonderes werden könnte. Wahrscheinlich dachten die Eltern aber kaum daran, dass ihr Söhnlein zum berühmtesten Philosophen seiner Zeit werden würde.

Georg Wilhelm Friedrich Hegel war anscheinend ein ziemlich ernstes Kind und dabei klug, wenn nicht altklug, ordentlich und fleißig. Bereits im zarten Alter von drei Jahren besuchte er die deutsche Schule, als Fünfjähriger dann sogar die Lateinschule. Darüber hinaus engagierte sein Vater immer wieder Privatlehrer, die die Bildung seines Sohnes vervollkommnen sollten. Das gelang wohl auch; immerhin war der kleine Hegel stets Klassenbester. Schon in der Schule begann sich abzuzeichnen, dass er sich zum Nachdenken berufen fühlte. Mit 15 Jahren begann er ein Tagebuch zu führen, in dem er in lateinischer und deutscher Sprache allerlei hochtrabende Gedanken zu Religion, Glück, Naturwissenschaften und der Weltgeschichte eintrug, sowie auch Auszüge aus seinen Lieblingsbüchern – wobei er nicht unbedingt den besten Geschmack bewies.

Es war eigentlich keine große Überraschung, dass er sich entschloss, Theologie zu studieren. Eigentlich war niemals etwas anderes in Frage gekommen. Als er das Gymnasium abgeschlossen hatte, verließ er mit 17 Jahren das Elternhaus. Aber immerhin blieb er noch in Schwaben – er wurde in das Tübinger Stift, eine berühmte Theologenschule, aufgenommen. Dafür bekam er sogar ein Stipendium von Herzog Karl Eugen, wohl auch wegen seiner Abiturrede, *Der verkümmerte Zustand der Künste und Wissenschaften unter den Türcken*, in der er das wunderbare schwäbische Schulsystem unter der Herrschaft des Herzogs pries.

Im Tübinger Stift lernte er zwei junge Männer kennen, die eine wichtige Rolle in seinem Leben spielen sollten: den späteren Dichter Hölderlin und den Wunderknaben Schelling, der fünf Jahre jünger war als Hegel, aber fünf Jahre vor ihm Philosophieprofessor wurde. Dieses Dreigespann war eng befreundet, und es verbanden sie zwei Dinge: die Begeisterung für die Philosophie und die Begeisterung für die 1789 ausgebrochene Französische Revolution. Hegel war indes nicht besonders revolutionär – seine Freunde im Stift nannten ihn nur den »alten Mann« – und in der Philosophie war er bislang auch nicht sonderlich tiefsinnig. Während seine Freunde Kant diskutierten, begeisterte er sich für Rousseau. Ein ehemaliger Mitstudent schrieb: »Jedenfalls war während der vier Jahre unseres Umgangs die Metaphysik Hegels Sache nicht. Sein Held war Rousseau …« Und auch andere Mitschüler meinten späterhin, als Hegel berühmt wurde: »Vom Hegel hätten wir das nimmer gedacht!« 1793, im Alter von 23 Jahren, schließt Hegel sein Studium ab – doch überraschenderweise entscheidet er sich nun doch dagegen, ein geistliches Amt anzustreben. Vermutlich hatten ihn der strenge Zwang zu Gebet und Gottesdienst und die unwürdigen Strafen bei kleinsten Verfehlungen im Stift vom herkömmlichen Glauben entfremdet, vielleicht waren es auch ein wenig die revolutionären Gedanken, die unter den Studenten kursierten. Wahrscheinlich war er aber auch ein wenig beleidigt, weil er ungerechterweise nur als Viertbester abgeschlossen hatte.

Aber irgendeinen Beruf muss er ja nun ergreifen. Da kommt es ihm gerade recht, dass ihm eine Stelle als Hauslehrer in der Schweiz, bei dem Berner Patrizier Carl Friedrich Steiger von Tschugg, vermittelt wird, wo er seine drei Kinder zu unterrichten hat. Er hat dort zwar eine gute Bibliothek zur Verfügung, aber insgesamt scheint ihm sein Beruf nicht zu bekommen; die Briefe an seine Freunde Schelling und Hölderlin klingen immer depressiver. Da kommt es ihm sehr gelegen, dass Hölderlin, der einen ähnlichen Posten in Frankfurt hat, eine Stelle bei der Frankfurter Familie Gogel vermitteln kann. Es dauert noch ein Jahr, aber 1797 kann Hegel endlich nach Frankfurt umziehen. Die Nähe seines Freundes Hölderlin, aber auch das Frankfurter

Geistesleben insgesamt lassen Hegel wieder auf-
blühen und er beginnt damit, sein philosophisches
System zu entwickeln. Und er beginnt auch damit,
sich nun intensiv mit Kant, insbesondere mit seiner
Metaphysik der Sitten zu beschäftigen.

Dabei findet er sich besonders im Gegensatz zu
Kants Gegenüberstellung von Pflicht und Neigung,
die den Menschen sozusagen in zwei Teile spaltet.
Hegel dagegen will die »Einigkeit des ganzen Menschen«. Diese Vereinigung von Gegensätzen will er
mit Hilfe der Dialektik herbeiführen.

Die Dialektik ist nun ein ziemlich vieldeutiger Begriff, der schon im alten Griechenland geprägt wurde; Dialektik heißt eigentlich »Gesprächskunst«. Im
engeren Sinne versteht man darunter, wie sich aus
einer Behauptung (These) eine Gegenbehauptung
(Antithese) ergibt, die dann auf höherer Ebene vereint werden (Synthese). Das klingt zunächst etwas
mechanisch, weshalb Kant von der Dialektik auch
als einer »Logik des Scheins« spricht. Hegel aber
möchte eben vereinigen – allerdings nicht so platt
und mechanisch.

Hegel stimmt mit Kant insoweit überein, als dass
dialektisches Denken der Vernunft entspringt; doch
Vernunftwidersprüche, die Kant für unauflösbar
hält, scheinen Hegel durchaus auflösbar. Dazu
braucht es nur eine neue Dialektik, die er dann
auch flugs erfindet, nämlich die *spekulative Dialek-*

tik. Er ist der Ansicht, dass die Widersprüche der Vernunft nur scheinbare sind; sie stehen in einem größeren Zusammenhang, der sie aufhebt. Kant meinte, dass es zu Widersprüchen führen müsste, wenn man die Vernunft jenseits des Bereiches der Sinneserfahrung anwendet – nicht so Hegel. Er meint, dass es jenseits der Sinneserfahrung vernünftige Einsichten in Strukturen und Formen gäbe, die nicht anders gedacht werden können und daher aus »eigentlicher« Erkenntnis stammen müssen. Und so ist bei Hegel die (spekulative) Dialektik kein einfacher rhetorischer Kunstgriff, sondern eine Methode, die das Fortschreiten in Richtung auf das »Absolute« erlaubt. Aber sie ist eigentlich sogar mehr als eine philosophische Methode. Die spekulative Dialektik ist der Prozess, der das Werden der Wirklichkeit bestimmt – selbst das Werden Gottes. Davon später mehr.

Von seinem poetischen Freund Hölderlin beeinflusst, zeigt er zunächst am Beispiel der Liebe, wie er die Dialektik versteht. Zur Liebe braucht es ja zunächst einmal den Liebenden, der quasi als »These« sich selbst sieht. Doch das reicht ja noch nicht; zur Liebe braucht es dann natürlich auch etwas Geliebtes – die »Antithese«, in der er von sich selbst absieht und dem anderen sich gegenüberstellt. Und jetzt kommt das Entscheidende: Ein Liebender und ein Geliebter sind eben noch nicht die

Liebe. Zur »Synthese« der Liebe kommt es dadurch, dass der Liebende sich im Geliebten aufgibt – und gerade dadurch zu sich selbst, auf einer höheren Ebene, findet. Und das, was sich am Beispiel der Liebe zeigt, zeigt sich ebenso in allem Seienden, im Wirklichen hinter dem Wirklichen, im »Absoluten«, wie Hegel es nennt.

Während all dieser erhabenen Gedanken erreicht ihn im Januar 1799 ein Brief der Schwester: Der Vater ist gestorben! Hegel fährt unverzüglich nach Stuttgart, um sein Erbe anzutreten. Sein Anteil am Erbe beträgt immerhin über 3000 Gulden – ein Vermögen, das es ihm endlich erlaubt, an eine akademische Karriere zu denken und seinen Hauslehrerjob aufzugeben. Andererseits ist er noch ganz zufrieden mit seinem Posten in Frankfurt und er hat es nicht eilig. Ganz anders sein Freund Schelling: Der ist bereits im vorigen Jahr, als Dreiundzwanzigjähriger, in Jena zum Professor ernannt worden!

Schelling ist es auch, der Hegel die Bahn ebnet. Er lädt ihn nach Jena ein und bietet ihm sogar an, bei ihm zu wohnen. Im Frühjahr 1801 kommt Hegel tatsächlich nach Jena. In kürzester Zeit verfasst er einige philosophische Schriften, am Ende des Sommersemesters legt er seine Doktorarbeit vor und an seinem 31. Geburtstag erhält er die Lehrbefugnis und soll ab dem Wintersemester als Privatdozent Philosophie lehren. Zwar ist die Bezahlung äußerst schlecht, aber er hat ja geerbt. Und wenn er akademische Karriere machen will, muss er eben aushalten. Er hält aus und gewinnt an Ansehen. 1805 wird er dann immerhin zum außerordentlichen Professor (also nicht zu einem richtigen mit eigenem Lehrstuhl) mit einem Gehalt von 100 Talern im Jahr ernannt.

Die Zeit in Jena ist vielleicht die wichtigste für Hegels Philosophie, denn es entsteht sein erstes und wichtigstes großes philosophisches Werk, die *Phänomenologie des Geistes*. Darin kritisiert er Kant, denn dessen Philosophie kennt seiner Ansicht nach »nur die Richtung der Empirie ... solche Philosophie dient nicht Gott zu erkennen, sondern den Menschen ...« Und wie's scheint, ist Hegel das zu wenig. Er möchte, bitte schön, gleich Gott erkennen.

Aber auch im Privatleben tut sich was. Der Junggeselle in den mittleren Jahren scheint nun die Liebe zu entdecken. Allerdings schafft er sich damit einige zusätzliche Probleme, denn er fängt ausgerechnet eine Affäre mit der Frau seines Hauswirtes an – die auch prompt schwanger wird. Das bringt ihm noch allerhand Ärger ein.

Bevor aber der uneheliche Sohn Ludwig auf die Welt kommt, kommt erst einmal Napoleon und nimmt am 13. Oktober 1806 Jena ein. Hegel ist ganz begeistert: »Den Kaiser – diese Weltseele – sah ich durch die Stadt reiten … den es nicht möglich ist, nicht zu bewundern.« Die »Weltseele« ist ein Begriff, der sich schon bei Platon findet: das bewegende Prinzip der Welt. Trotz der Bewunderung setzt sich Hegel aber zunächst einmal mit den letzten Seiten seines Manuskripts in der Tasche in Bewegung und flieht aus Jena.

Seine Wohnung wird geplündert, er hat sein Erbe aufgebraucht, sein Honorar reicht nicht einmal, um den Druck seines Buches zu bezahlen – da kommt das Angebot eines Freundes und ehemaligen Kollegen in Jena, Niethammer, gerade recht, die Redaktion der *Bamberger Zeitung* zu übernehmen. Hegel nimmt an. Der Job macht ihn allerdings nicht glücklich. Er ächzt unter dem »Zeitungsjoch« und vor allem unter der bayerischen Zensur. Und wieder hilft ihm Niethammer, der inzwischen Oberschulrat ist, aus der Patsche, indem er ihn als Rektor des Nürnberger Ägidengymnasiums vorschlägt. Am 15. November 1808 wird Hegel also Schuldirektor. Erstaunlicherweise scheint ihm dieser Beruf sogar Freude gemacht zu haben. Und sicherlich konnte er viel dabei lernen, insbesondere was seine Vortragsweise und Klarheit anging.

Ein Jahr vergeht, noch eins und wieder eines – und Hegel wird schon vierzig. Wohl ein weiterer Philosoph, der ehelos bleibt. Wer dies dachte, hatte sich getäuscht. Er hatte die Tochter des Nürnberger Senators von Tucher, Marie, kennen und lieben gelernt. Zwar war Marie zwanzig Jahre jünger, aber wahre Liebe sieht ja nicht aufs Alter. Die Verlobung findet im April 1811 statt, und am 16. September heiraten die beiden.

Obwohl sein Beruf als Rektor Hegel ziemlich in Anspruch nimmt, findet er dennoch die Zeit, sein philosophisches System weiter auszubauen. Bereits 1812 erscheint der erste von drei Bänden seines Werkes *Die Wissenschaft der Logik*. Nun handelt es sich aber nicht etwa um die Logik, die Aristoteles erfunden hatte, nein, »von der gewöhnlichen Logik« enthält der erste Band gar nichts, sondern es geht um Hegels eigene »metaphysische Logik«, um die »Gedanken Gottes vor der Schöpfung«. Immerhin.

In seiner »Logik« stellt Hegel dar, dass die Selbstentfaltung des Geistes, Gottes Geistes, den gesamten Weltprozess darstellt. Hegels Philosophie ist eine theologische Philosophie, oder vielmehr eine philosophische Theologie. Für Hegel ist »nichts als Gott« Gegenstand der Philosophie, und es kommt ihm darauf an, »Gott absolut vornehin an die Spitze der Philosophie« zu setzen.

Hegel argumentiert dabei so: Der menschliche Geist ist ein Abbild des göttlichen Geistes. Charakteristisch für den Geist ist die Selbsterkenntnis. Und diese Selbsterkenntnis muss sich ja erst einmal entwickeln. Das geschieht in drei Stufen – dialektisch, durch die fortschreitende Synthese aus These und Antithese. Zunächst ist sich der Geist nicht selbst bewusst, er empfindet nur das Dasein. Auf dieser Stufe steht Gott, der Weltgeist, im Zustand des »An-sich-Seins« – dem Zustand vor der Schöpfung. Dann beginnt er damit, sich selbst zu entdecken, indem er aus sich heraustritt. Der Weltgeist tritt nun aus sich heraus, indem er die Welt schafft. Die Natur, alles was wir sehen, ist also das Ergebnis der »Entfremdung« Gottes. Gott kann nun sich selbst schauen und sich selbst erkennen. Dadurch vollzieht sich die dritte Stufe, die Synthese des dialektischen Prozesses: Gott kommt – durch den menschlichen Geist – vollkommen zu sich selbst.

Das ist natürlich starker Tobak. Kein Wunder, dass andere Philosophen von einer »obskuren Geheimwissenschaft« sprechen. Hegel hingegen sieht sein System als die Vollendung der Philosophie überhaupt; von nun an könne es keinen Fortschritt in der Philosophie mehr geben.

Immerhin ist die akademische Welt so beeindruckt von Hegel, dass er 1816, im Alter von 46 Jahren, nun endlich eine Professur angeboten bekommt. Am 22. Oktober 1816 hält Hegel seine Antrittsvorlesung in Heidelberg. Er verfasst nun eine vollständige Darstellung seines Systems, die *Encyclopaedie der philosophischen Wissenschaften im Grundrisse.* Dadurch wächst seine Anerkennung noch weiter, und er erhält 1818 den Ruf nach Berlin, auf den seit vier Jahren vakanten Lehrstuhl des berühmten Fichte.

Anfangs ist er wohl ziemlich unauffällig, was diejenigen, die ihn für diesen Posten vorgeschlagen haben, eher enttäuscht. Professor Solger, der sich besonders für Hegel eingesetzt hatte, schreibt: »… wohl einer der dümmsten Nachbeter …«, was selbst bei bestem Willen kaum als Kompliment zu verstehen ist.

Das ändert jedoch nichts daran, dass seine Vorlesungen immer besser besucht werden und Hegel immer beliebter wird. Nicht nur Studenten, sondern auch berühmte Persönlichkeiten, Offiziere und Staatsmänner hören Hegel.

Als 1820 Arthur Schopenhauer in Berlin seine erste Vorlesung auf denselben Termin wie Hegels Hauptvorlesung legt, bleiben die Studenten aus, und Schopenhauer gibt entnervt auf. Aber in seinen Schriften kommt Hegel nicht gerade gut weg. Er schreibt von der »Hegelschen Afterweisheit«, nennt seine Lehre eine »philosophische Hanswurstiade«, deren Inhalt »der hohlste, sinnleerste Wortkram« sei, »der an die Deliramente der Tollhäusler erinnert«. Und er nimmt Hegels Thesen gründlich auseinander. Doch das interessiert kaum jemanden; Hegels Ruhm wächst unaufhörlich.

Auch andere Kollegen wenden sich gegen ihn, vor allem als er in dem Vorwort zu seinen *Grundlinien der Philosophie des Rechts* einen ehemaligen Kollegen, Jakob Fries, scharf angreift, obwohl der ohnehin schon seines Amtes enthoben und von der Polizei verfolgt wurde. Es ist schon kurios, wie der ehemalige begeisterte Anhänger der Französischen Revolution vehement das Polizeisystem verteidigt. Dabei versteigt er sich zu dem an Absurdität schwer zu übertreffenden Satz: »Was vernünftig ist, ist wirklich, und was wirklich ist, ist vernünftig.« Soll heißen: Da das Polizeisystem besteht, muss es vernünftig und damit rechtmäßig sein.

Beliebt bei seinen Kollegen macht ihn das nicht, dafür aber beliebt bei der Staatsmacht. Hegel wird zum halb offiziellen preußischen Staatsphilosophen.

Mit der Vernunft treibt Hegel noch allerhand weiteren Unfug. So meint er, dass Vernunft das Weltgeschehen beherrsche, es in der Weltgeschichte also stets vernünftig zugegangen sei. Die »großen« Personen der Weltgeschichte seien quasi Werkzeuge des vernünftigen Weltgeistes gewesen und hätten niemals besser handeln können, als sie es denn taten. Die Geschichte ist also ein sinnvolles, zielgerichtetes Geschehen.

Kierkegaard bemerkt dazu ironisch, dass zwar möglicherweise das Geschick über die Geschichte herrsche, Herrn Professor Hegel aber doch wohl kaum Einblick in die Pläne der Vorsehung gewährt worden sei.

Wie es sich für einen ordentlichen Staatsphilosophen gehört, bricht Hegel auch eine Lanze für die vorherrschende Religion. »Der Inhalt der christlichen Religion als der höchsten Entwicklungsstufe der Religion überhaupt fällt ganz und gar zusammen mit dem Inhalt der wahren Philosophie.« Selbstverständlich ist die wahre Philosophie diejenige, die mit Hegels System ihren krönenden Abschluss gefunden hat.

All das ist zwar etwas seltsam, und wir können uns schon fragen, inwieweit das alles mit Philo-Sophia, der Liebe zur Weisheit zu tun hat; doch es ändert nichts daran, dass Hegels Ruf sich über ganz Deutschland ausbreitet. Es gilt als Ehre, eine Vorlesung Hegels besucht zu haben, er hat viele Anhänger, und an den meisten deutschen Universitäten wird Hegels Philosophie gelehrt.

Das oben erwähnte Buch *Grundlinien der Philosophie des Rechts* ist Hegels letztes größeres Werk.

Er führt in Berlin ein erfülltes soziales Leben, gibt und besucht viele Geselligkeiten und geht auf Reisen. 1829 wird er zum Rektor der Universität Berlin gewählt.

Im Sommer 1831 wird Berlin von einer Choleraepidemie heimgesucht. Hegel bringt das Sommersemester glücklich zu Ende und zieht sich mit seiner Familie (seine Frau Marie hat zwei Söhne von ihm) auf das Schlösschen im Grunowschen Garten zurück. Im Herbst ebbte die Epidemie wieder ab, und am 10. November hielt Hegel seine erste Vorlesung im Wintersemester. Drei Tage später klagte er über Bauchschmerzen. Am 14. starb er – nicht etwa, wie die offizielle Diagnose lautete, an Cholera, sondern vermutlich an einem Magendurchbruch. Am 16. November wurde er neben Fichte, wie er es sich gewünscht hatte, beerdigt.

Hegel sprach oft vom »Absoluten«. Und natürlich meinte er damit nicht zuletzt Gott. Wir haben ja schon ein paar Gottesbeweise untersucht. Zum Thema Gott gibt es aber noch Einiges zu sagen. Immerhin soll er ja das Universum geschaffen haben.
Oder ist das gar nicht notwendig für einen Gott? Gibt's denn auch Götter, die mit dem Erschaffen der Welt nichts zu tun hatten? Jedenfalls hängen doch wohl Gott (oder Götter) mit dem Begriff der Religion zusammen. Oder gibt es auch da Zweifel? Gibt es vielleicht Religionen, die keine Götter kennen?
Es ist schon sehr interessant, sich einmal die unterschiedlichen Vorstellungen anzusehen, die wir unter

dem Begriff »Religionen« zusammenfassen. Ob wir nun religiös sind oder nicht – wenn wir Philosophen sind, sollten wir doch zumindest ein paar alternative religiöse Vorstellungen kennen, um die »richtige« für uns zu finden …

Absolut göttlich

> *»Was der Mensch als Gott verehrt,*
> *ist sein eigenstes Innere herausgekehrt.«*
> (J. W. von Goethe)

Es gibt einige Grundbedürfnisse, ohne die der Mensch anscheinend nicht auskommt. Das stärkste aller Grundbedürfnisse ist wohl, wie bei allen Lebewesen, das nach Nahrung. Mit nicht allzu großem Abstand folgt aber ein Grundbedürfnis, das wohl für den Menschen charakteristisch ist – die Suche nach Sinn. Tatsächlich scheint dies ein biologisches Grundprogramm zu sein: Unser Gehirn ist so beschaffen, dass wir kaum anders können, als Sinnzusammenhänge zu suchen – und diese dann auch an den eigenartigsten Orten aufzustöbern.

Die Suche nach dem Ursprung und Sinn der menschlichen Existenz, und damit die Religion, ist wohl so alt wie die Menschheit selbst. Ja tatsächlich scheint es nach allem, was wir heute wissen, weder in der Vergangenheit noch gegenwärtig eine Kultur zu geben, die völlig ohne Religion auskommt.

Sobald eine Religion stirbt, wächst wieder eine

(oder mehrere) nach. Das können wir zurzeit ganz gut in den westlichen Industriegesellschaften beobachten: Der Einfluss der christlichen Religion schwindet zusehends – die individuelle Freiheit, das allgemein gestiegene Bildungsniveau und naturwissenschaftlich-rationalistische Welterklärungsmodelle stellen sich den traditionellen religiösen Normen entgegen. Gleichzeitig aber gibt es einen enormen Zuwachs an Anhängern anderer Religionen (wie dem religiösen Buddhismus) oder neuer Religionen (wie Scientology). Das Grundmuster ist deutlich. Die meisten Menschen sehnen sich nach etwas Absolutem, das die Welt, in der in zunehmendem Maße alles relativ und sinnlos erscheint, erklärt und ihr einen Sinn gibt. Der zentrale Begriff, mit dem dieses Absolute bezeichnet wird, ist Gott. Dass es dieses eine Wort gibt, täuscht darüber hinweg, dass es ganz unterschiedliche Vorstellungen über »Gott« gibt.

Die frühesten Vorstellungen der Menschen waren wohl animistisch – die verschiedenen Vorgänge in der Welt wurden als spirituelle gut gesinnte oder feindliche Kräfte aufgefasst. Die noch etwas unpersönlichen »Kräfte« bekamen dann irgendwann einmal Persönlichkeit. Polytheistische Religionen kennen viele verschiedene Gottheiten, wobei jede einen bestimmten Charakter hat, bestimmte göttliche Eigenschaften aufweist und für bestimmte Aspekte

210

des Lebens zuständig ist. In der Antike war der Polytheismus die am weitesten verbreitete Form der Religion. Die großen alten Kulturen waren polytheistisch geprägt: Ägypten, Griechenland und Rom hatten eine fast unüberschaubare Zahl an Göttern. Aber es gab meist auch schon einen Götterchef, wie Zeus.

Im Monotheismus – also dem Glauben an *einen* Gott, wie im Islam, dem jüdischen Glauben und dem Christentum – ist Gott der Schöpfer der Welt und es gibt keine weiteren Götter. Der Unterschied ist aber nicht nur die Anzahl. Die Vorstellung von einem Gott ist eine völlig andere als die von mehreren Göttern. Wenn es nur einen Gott gibt, kann er irgendwann einmal zum unpersönlichen Urprinzip werden und sich letztendlich in eine rationale oder auch mystische Vorstellung von der Welt auflösen. Aber so weit sind wir noch lange nicht. In den monotheistischen Religionen hat – der zunächst persönlich verstandene – Gott meist die Eigenschaft, unendlich, ewig, unveränderlich, allwissend, allmächtig und, um das Maß voll zu machen, auch noch gütig zu sein. Es fällt auf, dass neben diesen nicht menschlichen Eigenschaften noch einige hinzukommen, die doch sehr menschlich sind: Er (nicht etwa sie …) verfügt über einen Willen, verspürt Liebe, wird zornig, wenn man ihm nicht gehorcht, und sogar eifersüchtig.

Es gibt drei Religionen, die auf den Gedanken des Alten Testaments der Bibel beruhen: den Islam, den jüdischen und den christlichen Glauben. Der Monotheismus ist im Islam am stärksten ausgeprägt. Es gibt einen und nur einen Gott, Allah (und Mohammed ist sein Prophet). Es ist verboten, Gott in irgendeiner Form abzubilden.

Im Judentum ist die Lage ziemlich ähnlich, mit dem kleinen Unterschied, dass es ein auserwähltes Volk gibt (das natürlich das eigene ist). Jahwe stellt vor allem ein Gebot (das erste der Zehn Gebote) auf: »Du sollst keine anderen Götter haben neben mir!«

Im Christentum verändert sich dann die Lage ein wenig: Es kommt Jesus Christus hinzu. Jesus betete zum Gott des Alten Testaments, Jahwe. Zu seinen Lebzeiten wurde Jesus vermutlich als Prophet betrachtet; doch schon 100 Jahre später hatte er Karriere gemacht und war zum Gottessohn aufgestiegen. Da man ja aber immer noch an *einen* Gott glaubte, musste eine neue Idee her: die Lehre vom dreieinigen Gott, der Trinität. Der Gott, der im Alten Testament erscheint, wurde im Christentum der Vater; Jesus Christus, der Sohn, der zum Menschen wurde, war die Manifestation Gottes in der endlichen Welt. Nummer drei war dann der Heilige Geist, der die immanente Präsenz Gottes in der Schöpfung darstellen soll. Über die Herkunft dieses

Heiligen Geistes gab es dann so mancherlei merk-
würdige Streitereien: Während er in der westlichen
Kirche in Vater und Sohn seinen Ursprung hat (der
Heilige Geist, nicht der Streit), ist in der Ostkirche
nur Gott Vater der Ursprung.

Im Christentum haben wir also drei Personen, aber
nur einen Gott – die drei Personen der Dreieinigkeit
sind nur drei Seinsarten oder Aspekte des einen
Gottes.

Dass Gott als eine menschenähnliche Person aufgefasst wird, ist nicht so selbstverständlich, wie es sich
Menschen im Westen oft denken. Für die großen
Religionen Asiens sowie für die Philosophien, die
dann zu Religionen wurden, ist es sinnvoller, das
Wort »Gott« nicht zu verwenden, da damit bereits
die Vorstellung eines persönlichen Gottes assoziiert
wird. Eher kann man bei den asiatischen Religionen von einem »göttlichen Wesen« sprechen, das
die Vorstellung von einem unpersönlichen oder
überpersönlichen Absoluten umfasst.

Im Hinduismus wird das höchste göttliche Wesen
als »Brahma« bezeichnet. Brahma ist die ewige, absolute Wirklichkeit – die veränderliche Welt ist dabei nur eine oberflächliche Erscheinung, eine Illusion – *maya*. Im Volksglauben gibt es drei verschiedene Erscheinungsformen des Göttlichen: Brahma,
die Schöpfungskraft, Vishnu, die bewahrende
Kraft, und Shiva, die zerstörende Kraft. Brahma ist

allerdings kein Schöpfer im Sinne der oben besprochenen monotheistischen Religionen – die Welt ist ewig und nicht geschaffen.

Auch der Buddhismus kennt keinen persönlichen Gott und schon gar nicht einen Schöpfergott. Das göttliche Wesen entspricht der kosmischen Ordnung. Der Buddhismus ist ursprünglich ja auch keine Religion, sondern eine Philosophie. Im volkstümlichen Glauben werden jedoch Buddha und die Bodhisattvas als gottähnliche, kosmische Wesen verehrt.

Auch die chinesischen Religionen gründen auf der Philosophie: Im Taoismus ist das Göttliche gleichbedeutend mit dem Gesetz des Universums, im Konfuzianismus mit dem Sittengesetz. Aber auch die Chinesen kamen nicht ohne Götter aus, und so gibt es im Volksglauben zahlreiche göttliche Wesen, an die man sich wenden kann.

Offensichtlich sehnen sich die Menschen also nach übermenschlichen Gestalten, von denen sie sich führen lassen können, die ihnen sagen, was zu tun und zu lassen ist, die ihnen einen Sinn geben, die Ordnung schaffen und an die man sich um Hilfe wenden kann.

Den Philosophen war es natürlich nicht genug, Gott einfach als gegeben hinzunehmen – wer philosophiert, kann sich ja nicht damit begnügen, die

Wahrheit schon zu kennen, sondern ist auf der Suche nach Weisheit.

Es ist allerdings anscheinend gar nicht so leicht, sich von Vorstellungen, die die eigene Kultur vollkommen durchdrungen haben, ohne weiteres frei zu machen. In den monotheistischen Religionen war daher die Philosophie lange Zeit nur die »Magd der Theologie«.

Die großen Denker des Abendlandes waren bis vor etwa zweihundert Jahren durchaus christliche Denker. Zahlreiche kuriose und komplizierte Gedankengebäude zeugen davon, dass es wohl nicht ganz einfach ist, die Vorstellung eines persönlichen Gottes mit der Suche nach Weisheit unter einen Hut zu bringen – und je durchdachter das Gedankengebäude war, desto weiter entfernte sich der philosophisch gedachte Gott von dem Gott der Bibel.

Die Fragen, die sich vor allem stellen, sind: Warum ist die Welt so bescheuert, wenn Gott so super ist? Was soll das Ganze? Was will Gott denn nun eigentlich von uns? Woher kommt Gott?

Sobald man nicht mehr in die Folterkammer oder auf den Scheiterhaufen musste, wenn man Zweifel an der Existenz des christlichen Gottes hatte, breitete sich natürlich der *Atheismus* unter den Philosophen aus. Atheisten bestreiten entweder, dass es einen Gott gibt, oder sehen den Glauben an sich als

sinnlos an, beispielsweise deshalb, weil das Wort
»Gott« keine klare Bedeutung hat.

Aber was weiß man schon? Viele Philosophen wollten dann doch nicht einfach sagen, dass es keinen
Gott gäbe, sondern stellten klar, dass man es einfach nicht wissen könne. Das nennt man dann
Agnostizismus. Schon Immanuel Kant zeigte, dass
der menschlichen Erkenntnis enge Grenzen gesetzt
sind, die die Erfahrung nicht überschreiten (trans-
zendieren) kann – und dass daher eine transzen-
dente Metaphysik prinzipiell unmöglich ist.

Allerdings gab es dann doch noch einen Trick, um
Gott zu retten und sich dabei dennoch das Denken
nicht zu verbieten: Den Pantheismus. Der Pan-
theismus ist die Lehre, nach der das Seiende und
Gott untrennbar eins sind. Alles ist göttlich, jedes
Lebewesen, jeder Stein … alles.

Schön klingt das ja. Nur: Was ist damit gewonnen,
das Wort »Welt« durch das Wort »Gott« zu erset-
zen?

Vielleicht ein wenig Respekt vor dem Wunder der
Welt …

Immanuel Kant

»Der vernünftige Gebrauch der Erfahrung
hat auch seine Grenzen.
Diese kann zwar lehren,
dass etwas so oder so beschaffen sei,
niemals aber,
dass es gar nicht anders sein könne.«
(Immanuel Kant)

Von allen Philosophen der Neuzeit ist Kant wohl der berühmteste. Leicht zu verstehen ist er indes nicht: Er verschmähte anschauliche Beispiele, weil sie, so sagt er, seine Werke zu umfangreich machen würden – und schrieb dann 800-seitige Schinken mit Sätzen, die bis zu einer halben Seite lang sind. Dennoch herrscht im Allgemeinen die Auffassung, Kant habe die Philosophie revolutioniert – auch wenn andere Philosophen seiner Zeit in seinen Ideen nur ein »Reich unendlicher Hirngespinste« sehen wollten.

Immanuel Kant wurde am 22. April 1724 um 5 Uhr morgens in Königsberg geboren. Die Familie Kant ist eine eher arme Handwerkerfamilie, deren Vorfahren aus Schottland stammen. Nach dem heute in Deutschland geltenden Staatsbürgerschaftsrecht, das die Staatsangehörigkeit vom »Blut« abhängig macht, wäre also einer der bedeutendsten deutschen Philosophen gar kein Deutscher – nicht, dass das wichtig wäre, aber interessant ist es doch. Der Vater ist Sattlermeister, ebenso wie auch die Vorfahren alle ehrbare Handwerker waren, und nichts deutet darauf hin, dass der Sohn einmal einer der berühmtesten Philosophen der Geschichte werden soll.

Die Eltern sind ziemlich religiös, und der junge Immanuel wird wie seine Geschwister – die allesamt nicht zu Philosophen werden – pietistisch erzogen. Kant empfindet dies jedoch auch später nicht nachteilig und meint: »Meine Eltern haben mir eine Erziehung gegeben, die von der moralischen Seite nicht besser sein konnte.«

Besonders von seiner Mutter lernt er viel; sie geht mit ihm spazieren und zeigt ihm die Natur, erzählt vom Bau des Himmels – so wie sie es wusste – und bewundert seine Auffassungsgabe.

Schließlich kommt Kant auch durch seine Mutter zu einer höheren Bildung. Sie ging nämlich mit ihren Kindern des Öfteren zu den Betstunden von Dr. Schultz, einem Pfarrer. Der wird alsbald auf den hochbegabten Jungen aufmerksam und sorgt dafür, dass er aufs *Fridericianum*, das Königsberger Gymnasium, kommt.

So besucht er sieben Jahre lang die höhere Schule, die ihm aber, wie er später sagt, auch nicht allzu viel bringt. Im Grunde geht es dort nämlich hauptsächlich um Religion: Jede Stunde beginnt mit einem Gebet, am Vormittag wird der Katechismus gelernt, und auch die anderen Fächer werden auf Teufel komm raus mit der Bibel verknüpft. An dieser Frömmelei kann Kant keinen Gefallen finden, umso weniger, je älter er wird; in einem Gespräch mit einem Freund sagt er später einmal, dass ihn Schrecken und Bangigkeit überfiele, wenn er an jene Jugendsklaverei zurückdächte.

Mit 16 Jahren macht Kant das Abitur und tritt wenig später in die Universität ein. Zunächst beginnt er mit dem Studium der Theologie, aber schon bald hört er auch andere Fächer, Mathematik, Physik, Latein und dann natürlich Philosophie. Am wichtigsten sind ihm aber wohl zunächst die naturwissenschaftlichen Studien, was sich auch darin zeigt, dass seine ersten elf Schriften (mit Ausnahme seiner Habilitation) naturwissenschaftliche Themen behandeln.

Seine Eltern konnten ihm sein Studium nicht vollständig finanzieren, und so musste er selbst Geld verdienen – er gibt befreundeten Kommilitonen Privatstunden; und auch durch Gewinne beim Billard kann er seine Finanzen aufbessern. Doch als 1746 sein Vater stirbt (seine Mutter ist schon neun

Jahre tot), erlaubt ihm seine finanzielle Lage nicht mehr, sein Studium fortzusetzen.

Er wird Hauslehrer bei adligen Familien in der Nähe von Königsberg. Dieser Beruf liegt ihm nicht sehr, obwohl er großen Respekt vor der Pädagogik hat. Er meinte einmal, dass es eine große Kunst sei, sich mit Kindern zweckmäßig zu beschäftigen, er sich jedoch diese Kunst leider nie aneignen konnte. Immerhin lässt ihm seine Tätigkeit aber Zeit für naturwissenschaftliche Studien. Dabei leistet er ganz Erstaunliches: er stellt Überlegungen zur Entstehung des Kosmos, zur Entwicklung der Erde und des Menschen an, die geradezu revolutionär sind. So entwickelt er die Theorie, dass Spiralnebel weit entfernte Galaxien seien (was sich bestätigt hat) und nimmt auch – sehr vorsichtig allerdings – die Evolutionstheorie voraus. Doch er wagt nicht, diese Gedanken unter seinem Namen zu veröffentlichen, und so erscheinen sie 1755 anonym unter dem Titel *Allgemeine Naturgeschichte und Theorie des Himmels*.

1749 erscheint seine erste Publikation über ein mathematisches Thema, die ihn in Fachkreisen bekannt macht. Auch seine anderen Aufsätze tragen ihm Ansehen ein. Als er 1755 endlich wieder an die Universität zurückkehrt und seine Doktorarbeit *Über das Feuer* einreicht, ist er kein Unbekannter mehr. Nur wenige Monate später reicht er seine Habilitation (erstmals über ein philosophisches Thema) ein und wird Privatdozent.

Er hält zunächst vier Vorlesungen: Logik, Metaphysik, Mathematik und Geographie. Kant versteht es, seine Studenten zu fesseln. Er ist geistreich, hat umfassende Kenntnisse auf vielen Gebieten, würzt seine Vorlesungen mit Humor und Anekdoten. Vor allem aber regt er zum Selberdenken an und warnt seine Studenten vor jeder Nachbeterei. Erwähnenswert sind besonders auch seine Geographievorlesungen; er versteht es, die fernsten Länder so anschaulich zu schildern, als wäre er selbst längere Zeit dort gewesen – dabei hat sich Kant zeitlebens kaum von seiner Heimatstadt entfernt.

Sein eigentliches Ziel ist es jedoch, Professor für Philosophie zu werden. Die Stelle ist gerade frei und er bewirbt sich – erfolglos. Auch seine zweite Bewerbung drei Jahre später ist nicht von Erfolg gekrönt, und er bleibt noch etliche Jahre ein schlecht bezahlter Privatdozent – allerdings auch deshalb, weil er vier Angebote auswärtiger Universitäten ausschlägt.

Kant ist gesundheitlich seit seiner Kindheit eher von schwacher Konstitution, weshalb er sich strenge Lebensregeln auferlegt, um sich seine Gesundheit zu erhalten – mit Erfolg: Nur einmal in seinem Leben konsultiert er einen Arzt (vielleicht bleibt er aber auch gerade deshalb gesund?). Er beschreibt sogar recht interessante Methoden, die Gesundheit zu erhalten, unter anderem bestimmte Atemtechniken und Konzentrationsübungen, die einem Yogi alle Ehre machen würden. Zum Teil kommt er aber auch auf recht absonderliche Ideen: Er verbietet, sein Schlafzimmer zu lüften, da er fest davon überzeugt ist, dass durch Licht, frische Luft und Staub Wanzen entstünden.

1764 – Kant ist mittlerweile vierzig Jahre alt – bietet sich die lang ersehnte Gelegenheit für ihn, in Königsberg Professor zu werden, und er musste sich nicht einmal um die Stelle bewerben. Doch leider ist es nicht der ersehnte Lehrstuhl für Philosophie, der ihm angetragen wird, sondern für Dichtkunst. Kant lehnt dankend ab.

Fünfzehn Jahre lang ist er nun schon Privatdozent, da ist es endlich so weit: 1770 wird er Professor für Logik und Metaphysik.

Bisher hatte Kant noch nie daran gedacht, zu heiraten – er hätte es sich gar nicht leisten können. Doch nun, als ordentlicher Professor, trägt er sich mit dem Gedanken. Zweimal hätte er aussichtsreiche Gelegenheiten gehabt, doch bei der einen Dame zögert er so lange, bis sie wegzieht, bei der anderen, bis sie einen anderen heiratet. Besonders traurig ist er darob aber auch nicht; immerhin, so meint er, behielten unverheiratete Männer länger ihr jugendliches Aussehen.

Als Philosoph stellt Kant die vier Grundfragen der Philosophie:

- Was kann ich wissen?
- Was soll ich tun?
- Was darf ich hoffen?
- Was ist der Mensch?

Im Grunde, meint Kant jedoch, umfasst die letzte Frage alle anderen, weil sich die ersten drei Fragen auf die letzte beziehen.

In den ersten elf Jahren seiner Professorentätigkeit veröffentlicht Kant erstaunlich wenig. Aber in seinem Studierzimmer arbeitet er an einem Werk, das oft als Revolution der abendländischen Philosophie angesehen wird. Als Kant 57 Jahre alt wird, im Jahre 1781, ist es so weit: Die *Kritik der reinen Vernunft* erscheint.

Das über 800 Seiten umfassende Werk ist – auch aufgrund des Stils – schwer verständlich und wird deshalb zunächst nicht sonderlich beachtet, doch als er zwei Jahre später eine Erläuterung, die *Prolegomena*, nachlegt, erschüttert das Werk die westliche Philosophie in ihren Grundfesten.

Zunächst einmal zur Klärung: »Kritik« hat in diesem Zusammenhang nichts mit »Kritisieren« zu tun, sondern hat bei Kant die Bedeutung »Untersuchung«: unter der »reinen Vernunft« versteht Kant die Vernunft, die nicht auf Erfahrungen, sondern auf Prinzipien vor (*a priori*) der Erfahrung aufbaut.

Diese Prinzipien sollen Zeit und Raum sein; sie sind dem menschlichen Verstand vorgegeben und alle Erfahrungen – also die Sinnesempfindungen – bauen darauf auf. Die *Wirklichkeit*, die »Dinge an sich« sind prinzipiell nicht erkennbar, ja, es hat nicht einmal Sinn, danach zu fragen. Kant betont also die Beschränkung und die Relativität der Erkenntnis – doch dabei bleibt er nicht stehen: bestimmte Formen der Anschauung seien *a priori* vorhanden – Raum und Zeit nämlich. Und darauf lässt sich schließlich doch noch eine Metaphysik aufbauen. Der menschliche Geist ist also kein passives Aufnahmegerät für die Sinneserfahrungen, sondern »konstruiert« die Welt – der Mensch selbst ist Urheber seiner Welt.

In einer weiteren Kritik (also Analyse), der *Kritik der praktischen Vernunft*, zeigt Kant die Folgen für das praktische Handeln: Es ist nicht vorgegeben, was »gut« und was »böse« ist, sondern der Mensch muss *selbstbestimmt* seine Handlungsgrundsätze (*Maximen*) nach vernünftiger Einsicht richten. Dabei gelangt Kant zum »kategorischen Imperativ«, der besagt: »Handle nur nach derjenigen Maxime, von der du auch wollen kannst, dass sie zum allgemeinen Gesetz wird.«

Mit seinen Maximen ist Kant allerdings nicht gerade immer besonders tiefsinnig; als er einmal von einer Spazierfahrt zu spät nach Hause gebracht wird, entwickelt er die Maxime, man solle sich nie zu einer Spazierfahrt mitnehmen lassen. Seine Regelhaftigkeit wird im Laufe der Jahre überhaupt immer stärker, geradezu neurotisch. Er teilt sich seine Zeit auf das Genaueste ein. Das wird in Königsberg sprichwörtlich; die Leute stellen sozusagen die Uhr nach ihm: »Es kann noch nicht sieben sein – Professor Kant ist noch nicht vorbeigekommen.«

Er steht im Sommer jeden Morgen um 5 Uhr auf, dann arbeitet er in seiner Studierstube, hält dann seine Vorlesungen, nimmt nachmittags ein längeres Mahl mit Freunden ein, bei dem über die unterschiedlichsten Themen – aber bloß nicht Philosophie! – gesprochen wird. Pünktlich um zehn Uhr geht Kant zu Bett. Dabei entwickelt er sogar eine spezielle, stets beibehaltene Methode, sich in seine Bettdecke einzuwickeln. Alles muss seinen Platz haben, das Schreibwerkzeug, das Papier, der Stuhl – wenn etwas auch nur leicht von der gewohnten Ordnung abweicht, gerät er geradezu in Verzweiflung. Heute würde man dies wohl als Zwangsneurose bezeichnen.

Auf sein klares Denken wirkt sich das allerdings ansonsten nicht aus. Er bleibt weiterhin geistreich und entwickelt auch immer wieder neue Ideen. Dabei ist er ausgesprochen mutig. 1793 erscheint seine Schrift *Die Religion innerhalb der Grenzen der bloßen Vernunft* – gegen den Widerstand der preußischen Zensur; ihm wurde verboten, das Werk in der *Berliner Monatsschrift* zu veröffentlichen. Doch der fast Siebzigjährige lässt sich nicht einschüchtern und lässt die Schrift in Jena erscheinen. Daraufhin erhält er vom preußischen König Friedrich Wilhelm II. (Friedrich der Große ist schon 1786 gestorben) eine Mahnung, sich dergleichen nicht wieder zu Schulden kommen zu lassen.

Auch die Kirche ist nicht gerade begeistert, obwohl er versucht, die Religion vor den Konsequenzen seiner *Kritiken* zu retten (offenbar hat ihn seine religiöse Erziehung doch noch eingeholt). Doch diese »Rettung« ist für die christliche Religion ein zweischneidiges Schwert: Er zeigt, dass die Religion, Gott, die Unsterblichkeit und ähnliche Vorstellungen niemals von der Vernunft bewiesen werden können; doch der praktische Wert der Religion für die Sittlichkeit mache sie wertvoll und für das Zusammenleben in der Gemeinschaft unverzichtbar.

Nur sein Alter und sein Ruhm bewahren ihn vor Verfolgung – und sein Versprechen gegenüber dem preußischen Kultusminister, nichts mehr über Religion zu schreiben: »Wenn auch alles, was man sagt, wahr sein muss, so ist es damit nicht auch Pflicht, alle Wahrheit öffentlich zu sagen.«

Zwei Jahre später zieht sich Kant von seiner Lehrtätigkeit zurück. Er wird langsam alt und fühlt sich seinen anstrengenden Verpflichtungen nicht mehr gewachsen. Zwar schreibt er noch jeden Tag, doch sein Gedächtnis wird allmählich schwächer und er beginnt damit, alles was er behalten will, auf kleine Zettelchen zu notieren.

Sein alter Diener Lampe, der nun bereits seit 40 Jahren seinen Dienst bei Kant tut, beginnt jetzt auch noch zu trinken und die Güte Kants auszunutzen, streitet sich mit der Putzfrau und versieht seinen Dienst nicht mehr zuverlässig, weshalb er schließlich entlassen werden muss. Doch Kant ist nicht kleinlich und zahlt ihm eine anständige Pension. Natürlich bedeutet das für den alten Philosophen eine große Umstellung, insbesondere, da er Veränderungen hasst. Deshalb notiert er sich auf ein Merkzettelchen: »Lampe muss nun völlig vergessen werden!«

Körperlich wie auch geistig verfällt er nun zusehends. In seinen letzten Monaten vermag er nicht einmal mehr, seinen Namen leserlich zu schreiben, und erkennt selbst alte Freunde nicht.

Am 12. Februar 1804 stirbt Kant. Seine letzen Worte sind: »Es ist gut.«

Kant stellte klar, dass die Dinge nicht so ohne weiteres da sind. Zumindest nicht alle. Raum und Zeit, meinte er, sind *a priori* vorhanden und dienen dazu, unsere Sinneseindrücke zu ordnen und zu strukturieren. Wir können also die Dinge nicht erkennen, wie sie an sich sind – die Dinge sind immer von der Sinneswahrnehmung und unserer Auffassung von Raum und Zeit abhängig. Was wir erkennen können, meinte Kant, sind nur die *Erscheinungen* der Dinge.

Scheint Ihnen das weit hergeholt? Oder finden Sie möglicherweise, dass Kant vielleicht schon damit zu weit gegangen ist, dass er Raum und Zeit als gegeben annahm?

Erstaunlich ist doch immerhin, dass es so viele Missverständnisse zwischen den Menschen gibt. Das spricht doch sehr dafür, dass es nicht eine Welt gibt, sondern dass sich jeder *seine eigene* Welt *konstruiert*. Nun klingt Ihnen das vielleicht noch zu theoretisch. Lassen Sie uns deshalb doch einmal gemeinsam überlegen, ob es klar ist, dass die Welt so ist, wie sie zu sein scheint, oder ob wir sie tatsächlich irgendwie konstruieren. (Falls letzteres der Fall sein sollte, wollen wir Ihnen schon einmal dafür danken, dass Sie dieses Buch konstruiert haben …)

Die Konstruktion der Welt

> *»Die Herrlichkeit der Welt ist immer adäquat*
> *der Herrlichkeit des Geistes, der sich betrachtet.*
> *Der Gute findet hier sein Paradies,*
> *der Schlechte genießt schon hier seine Hölle.«*
> (Heinrich Heine)

Wir sind sehr dazu geneigt, die Dinge, die wir gewohnt sind, als gegeben hinzunehmen. Und was sind wir mehr gewohnt als unsere Wahrnehmung? Wir sehen, hören, tasten, schmecken und riechen, ohne uns weiter darüber Gedanken machen zu müssen. Beispielsweise sehen wir eine Blume: Aber wie machen wir das? Wie kommt die Blume in unser Bewusstsein?

Nun, das ist doch relativ einfach, könnte man meinen. Die Lichtstrahlen der Blume fallen in unser Auge, Sinneszellen werden aktiviert und vermitteln uns das Bild der Blume. Diese Vorstellung ist allerdings ziemlich naiv. Im Gehirn geschieht wesentlich mehr. Die »Daten«, die die Sinneszellen liefern, sind ja zunächst einmal bedeutungslos. Wir können auch die Augen schließen und eine Blume sehen. Aber wir können auch die Augen öffnen, alles um uns herum sehen, aber nichts wahrnehmen: dann nämlich, wenn bestimmte Regionen unseres Gehirns verletzt sind.

Die Neuropsychologie ist vielleicht die Naturwissenschaft, die die größte Bedeutung für die Philosophie hat. Die Neuropsychologie untersucht nämlich die Beziehungen zwischen dem Bewusstsein und den Vorgängen in unserem Nervensystem. Die interessantesten Erkenntnisse beruhen dabei leider auf traurigen Ereignissen, nämlich auf der Untersuchung von Hirnverletzungen, beispielsweise durch Unfälle oder Schlaganfälle.

Die Phänomene, die dabei auftreten können, werfen ein Licht auf die Art und Weise, wie unsere Wahrnehmung funktioniert. Die Wahrnehmung eines Hirnverletzten kann so verändert sein, dass wir die Veränderung zwar konstatieren, aber nicht mehr wirklich begreifen, nicht vorstellungsmäßig nachvollziehen können. Denn nicht die Perzeption (also die Tätigkeit der Sinnesorgane), sondern die Kognition (also das Erkennen selbst) ist bei Hirnverletzungen betroffen.

Kommen wir wieder auf das Beispiel einer Blume zurück. Ein Mensch, der vollkommen gesunde Augen hat, kann nach einem Hirnschlag blind sein. Die Augen funktionieren nach wie vor; die Sinneszellen geben Impulse ab und leiten sie an das Gehirn weiter – doch das Gehirn kann mit den Daten nichts mehr anfangen. Dieser Fall ist nun vielleicht noch vorstellbar.

Doch es können noch viel eigenartigere Dinge geschehen (das hangt vom genauen Ort des Schadens ab): Der Patient kann beispielsweise die Form der Blume sehen, nicht aber die Farben. Er ist also farbenblind, jedoch auf eine Art und Weise, die unserer Vorstellung nur schwer zugänglich ist. Er sieht die Welt vielleicht etwa so, wie wir einen Film in Schwarz-Weiß – bis dahin können wir noch folgen – doch eben nicht nur über die Augen: Ihm fehlt jegliche Vorstellung von Farbe; auch wenn er die Augen schließt, kann er sich keine farbigen Bilder *vorstellen*.

Aber es kann noch Seltsameres passieren. Bei der Schädigung eines bestimmten Hirnareals nimmt der Patient nur die rechte Seite der Blume wahr. Das ist nun keineswegs so, als hielten wir uns einfach ein Auge zu; auch dann existieren unzweifelhaft rechts und links genauso, wie wenn wir beide Augen öffnen. Für den Patienten jedoch gibt es kein »links« mehr; er hat gar keinen Begriff mehr davon. Bittet man ihn, die Blume zu zeichnen, malt er nur die Hälfte der Blume. Spätestens hier versagt wohl unsere Vorstellungskraft.

Was können wir uns überhaupt vorstellen? Können wir uns wenigstens alles vorstellen, was wir sehen?

Versuchen Sie doch einmal, sich ein Blatt Papier mit nur einer Seite und nur einer Kante vorzustellen. Ist das Unsinn? Kann man dergleichen gar nicht sehen?

Doch! Ein so genanntes Moebiusband hat genau diese Eigenschaften. Es ist äußerst interessant, eines herzustellen und seine Eigenschaften zu erkunden. Das ist ganz einfach: Nehmen Sie ein Blatt Papier und schneiden Sie einen längeren Streifen ab. Bringen Sie nun beide Enden zueinander, sodass sich ein Reifen bildet. Drehen Sie nun ein Ende des Streifens um 180° und kleben Sie dann die beiden Enden zusammen – jetzt haben Sie ein Moebiusband.

Fahren Sie mit dem Finger an der Kante entlang: Sie berühren dabei jeden Randpunkt, ohne den Finger absetzen zu müssen; das Band hat nur *eine* Kante. Dasselbe gilt für die Fläche. Fahren Sie mit einem Stift auf der Fläche entlang und Sie kommen wieder zu Ihrem Ausgangspunkt zurück, ohne den Stift absetzen zu müssen; jede Stelle des Bandes ist jedoch markiert – denn es hat nur eine Seite. Schneiden Sie in der Mitte des Bandes entlang, erhalten Sie nicht etwa zwei Bänder, sondern eines.

Aber kommen wir nach diesem Exkurs wieder zum Thema zurück: der Wahrnehmung.
Auch Zeit- und Bewegungswahrnehmung können

ausfallen, ebenso das Gefühl für die Raumwahrnehmung. Das zu erfahren, wäre sicherlich für Kant ziemlich interessant gewesen. Sind Raum und Zeit tatsächlich *a priori* gegeben?

Sind diese Anschauungsformen in unser Gehirn quasi »eingebaut« und werden bei Hirnschädigungen »entfernt«? Oder wird die Wahrnehmung »gelernt«?

Wenn wir uns Beispiele betrachten, die den Gegenpol zu den vorhin beschriebenen Gehirnverletzungen darstellen, kommen wir der Sache vielleicht näher. Der umgekehrte Fall ist bei Personen gegeben, deren Hirn völlig in Ordnung ist, die jedoch von Geburt an unter einer Störung eines Sinnesorgans leiden, beispielsweise Menschen, die von Geburt an blind oder taub sind. Nun brächte das wenig neue Erkenntnisse, hätte nicht die moderne Medizin Möglichkeiten gefunden, die Funktion der Sinnesorgane in manchen Fällen wiederherzustellen.

Was geschieht nun, wenn ein von Geburt an Blinder oder Tauber plötzlich sehen oder hören kann? Kann er tatsächlich mit der Wiederherstellung der Sinne sehen bzw. hören? Das ist ja wohl, was man zunächst einmal annehmen möchte.

Erstaunlicherweise zeigt sich, dass das *nicht* der Fall ist. Von Geburt an Blinde, deren Sehvermögen plötzlich wieder vorhanden ist, berichten, dass sie von einer Flut unverständlicher Reize überflutet werden. Von »Sehen«, wie wir es verstehen, kann nicht die Rede sein.

Manche dieser Menschen können niemals wirklich sehen. Andere können sich zwar im Laufe der Zeit einfache Formen des Sehens, wie das Erkennen von Formen oder Farbe, aneignen; räumliche Wahrnehmung bleibt ihnen jedoch verschlossen.

Die Wahrnehmung scheint also zumindest teilweise »gelernt« zu sein.

Was hat das für unser Denken für Konsequenzen? Wenn wir lernen *müssen*, wahrzunehmen, heißt das auch, dass wir lernen *können*, wahrzunehmen? Können wir lernen, mehr und intensiver wahrzunehmen? Oder können wir sogar lernen, ganz andere Wahrnehmungen zu machen, indem wir uns neuen Erfahrungen aussetzen? Aber beruhen nicht die Erfahrungen auf den Wahrnehmungen? Was ist es, das dazu führt, dass wir überhaupt lernen können, wahrzunehmen?

All dies sind Fragen, die für die Philosophie von größtem Interesse sind. Doch ob sie durch Denken allein gelöst werden können, erscheint immer fraglicher. Wir stoßen heute an die Grenzen unseres Vorstellungsvermögens.

Doch sind das auch die Grenzen der Philosophie?

Ludwig Wittgenstein

»Der Zweck der Philosophie
ist die logische Klärung der Gedanken.
Die Philosophie ist keine Lehre,
sondern eine Tätigkeit.«
(L. Wittgenstein, Tractatus 4.112)

Einen echten Philosophen stellen sich manche als einen etwas exzentrischen Menschen vor. Man denkt dabei vielleicht an Diogenes in der Tonne oder den diskutierenden Sokrates auf dem Marktplatz. Doch nicht nur die Antike verfügte über solche – im positivsten Sinne des Wortes – Exzentriker. Auch der »größte Denker des 20. Jahrhunderts«, Ludwig Wittgenstein, war ein äußerst ungewöhnlicher Mensch und alles andere als ein Kathederphilosoph. Seine Suche nach Weisheit führte ihn in die verschiedensten Berufe: Er war Ingenieur, Volksschullehrer, Hilfsgärtner, Architekt, Einsiedler, Pförtner, Laborant, Sanitäter, Philosophieprofessor und Autor zwar nur weniger, dafür aber äußerst einflussreicher Bücher. Auf Wittgenstein bezieht sich ein großer Teil der Philosophie des 20. Jahrhunderts.

Die Familie Wittgenstein war eine der reichsten Österreichs. In ihrem Haus verkehrten viele bedeutende Mitglieder der Gesellschaft und Kultur; so waren beispielsweise Mahler und Brahms regelmäßige Gäste im Hause Wittgenstein.

1889 hatten Karl und Leopoldine Wittgenstein bereits sieben Kinder, vier Jungen und drei Mädchen. Und nun war das achte unterwegs. Am 26. April wurde das Ungleichgewicht zwischen Jungen und Mädchen noch verstärkt: Ludwig Josef Johann wurde in Wien geboren.

Nach einigen Jahren kam Ludwig, wie zuvor schon die anderen Kinder der Wittgensteins, in den Genuss der häuslichen Erziehung durch Privatlehrer, nach einem vom Vater selbst entwickelten Lehrplan. Wie sinnvoll dieser Lehrplan war, darüber kann man streiten. Immerhin wurden wohl Kreativität und Musikalität gefördert. Ludwigs zwei Jahre älterer Bruder Paul wurde ein berühmter Konzertpianist, dem, als er im Krieg einen Arm verlor, so große Komponisten wie Ravel und Strauß Konzerte für eine Hand schrieben. Auch Ludwig war musikalisch; er erlernte zwar kein Instrument richtig, aber er konnte auswendig ganze Partituren nachpfeifen und dachte darüber nach, Dirigent zu werden. Auch seine technische Intelligenz war nicht zu übersehen: Schon als Kind konstruierte er ein neuartiges Modell einer Nähmaschine. Der väterliche Lehrplan bereitete jedenfalls nicht sehr gut auf die Schule vor. Als Ludwig 1903, mit 14 Jahren, eine ordentliche Schule besuchen sollte, schaffte er zunächst weder die Aufnahmeprüfung auf das Gymnasium noch auf die Realschule.

Ludwig Wittgensteins Kindheit war zwar mit den besten materiellen Voraussetzungen gesegnet, aber es war wohl keine glückliche Kindheit. Später schreibt er selbst, dass er als Kind und Jugendlicher ständig am Rande des Selbstmordes gestanden wäre. Seinen Brüdern ging es nicht anders: Von den vier Brüdern Wittgensteins nahmen sich drei das Leben! Wahrscheinlich spielte für seine Schwermut aber auch die Tatsache eine Rolle, dass er einerseits streng katholisch erzogen wurde, andererseits aber schwul war.

Ludwig trat noch eine Aufnahmeprüfung in Linz an und wurde auf die dortige Realschule aufgenommen. Eine kleine Randnotiz: Einer seiner gleichaltrigen Mitschüler sollte sehr berühmt werden, wenn es auch ein äußerst trauriger Ruhm war – Adolf Hitler.

Wittgenstein war kein guter Schüler. Zwar schloss er die Realschule 1906 nach drei Jahren, wie vorgesehen, ab, doch dieser Abschluss erlaubte es ihm nicht, sich seinen Wunsch zu verwirklichen, bei Boltzmann in Berlin Physik zu studieren. So tat er denn das Zweitbeste und schrieb sich an der TH

Berlin für Ingenieurwesen ein. Doch dieses Studium gab er schon nach drei Semestern wieder auf, um in England Maschinenbau zu studieren und sich mit der brandneuen Disziplin Luftfahrttechnik zu befassen.

Er war ein Millionärssohn und ließ sich das auch anmerken. So soll er sehr wählerisch gewesen sein, was seine Krawatten anging, aber auch ziemlich mit seinem Geld um sich geworfen haben: Als er mit einem Freund nach Island reiste, hatte er so viel Gepäck und Bedienstete dabei, dass sich alle anderen Reisenden über ihn lustig machten. Eine andere Anekdote erzählt, wie er den Zug nach Manchester, seinen Studienort, verpasste und sich daraufhin einfach einen Privatzug anmietete!

Bei seinem Studium war das Interesse an Mathematik, insbesondere an Logik in ihm erwacht. Was lag näher, als den berühmtesten Logiker seiner Zeit, Gottlieb Frege, in Jena zu besuchen. Eigentlich hatte er vor, bei Frege zu studieren, doch der riet ihm, zu Bertrand Russel nach Cambridge zu gehen. Das tat Wittgenstein 1911 dann auch und begann in Cambridge das Studium der Philosophie und Logik. Mit Russel verstand er sich auf Anhieb. Und Russel war von Wittgenstein geradezu begeistert, er nennt ihn »das vollendete Beispiel eines Genies«! Die folgenden Jahre in England waren für Wittgenstein sehr befruchtend und glücklich.

Doch 1914, als er gerade Urlaub zu Hause in Österreich macht, bricht der Krieg aus. Wittgenstein meldet sich freiwillig. Aber die Philosophie hat ihn gepackt. Immer wenn er Urlaub hat, schreibt er an einem Buch, der »Logisch-philosophischen Abhandlung«, dem *Tractatus logico-philosophicus*.

Der *Tractatus* ist das einzige Buch, das zu seinen Lebzeiten veröffentlicht wird (1922). Und es ist ein sehr ungewöhnliches Buch. Das sieht man schon auf den ersten Blick, ohne überhaupt eine Zeile gelesen zu haben. Alle Sätze sind nämlich, wie eine Gliederung, ordentlich in verschiedenen Ebenen nummeriert; es gibt also Sätze (sieben an der Zahl, 1., 2., …), Untersätze (1.1., 1.2. …), Unteruntersätze (1.1.1., 1.1.2 …) usw. Die Form strukturiert die Gedanken so exakt wie nur möglich. Doch hinter dieser so unterkühlt wirkenden Form verbergen sich tiefe und leidenschaftliche Gedanken.

Wittgensteins Denkweise zeigt sich schon im ersten Satz des (noch nicht nummerierten) Vorwortes: »Dieses Buch wird vielleicht nur der verstehen, der die Gedanken, die darin ausgedrückt sind – oder doch ähnliche Gedanken – schon selbst einmal gedacht hat.« Und in dieselbe Richtung weist der Schluss des *Tractatus*:

»6.54 Meine Sätze erläutern dadurch, dass sie der, welcher mich versteht, am Ende als unsinnig erkennt. …

7. Worüber man nicht sprechen kann, darüber muss man schweigen.«

Im *Tractatus* geht es grob gesprochen darum, zu zeigen, was sinnvoll gesagt werden kann. Die Metaphysik, ja praktisch alle bisherige Philosophie, gehört nicht dazu. Metaphysische Antworten, ja schon die Fragen, sind eigentlich sinnlos. Das heißt nicht etwa, dass Wittgenstein die »höheren Dinge« für unwichtig hält, wie es oft missverstanden wurde: Nein, er meint nur, dass man nicht sinnvoll darüber sprechen könne. Metaphysische Aussagen beziehen sich nicht auf Sachverhalte – sie sind nicht begreiflich, wohl aber zeigen sie sich. Sie zeigen sich sogar im *Tractatus* selbst; das Unsagbare zeigt sich dadurch, dass klar dargestellt wird, was das Sagbare ist. »Der Zweck der Philosophie«, meint Wittgenstein, »ist die logische Klärung der Gedanken.«

Der *Tractatus* ist äußerst faszinierend. Aber er greift in mancherlei Hinsicht doch zu kurz. Vor allem geht Wittgenstein überhaupt nicht auf die Mehrdeutigkeit der Sprache ein. Die Analyse der Sprache kann also nicht wirklich alles klären, gerade auch nicht die Gedanken. Aber zunächst ist Wittgenstein »der Meinung, die Probleme [der Philosophie] im Wesentlichen gelöst zu haben«, wenn er auch klar erkennt, dass, selbst wenn dem so wä-

240

re, es »zeigt, wie wenig damit getan ist, dass diese Probleme gelöst sind.«

1918 gerät er in italienische Kriegsgefangenschaft, doch es gelingt ihm, das Manuskript seines Buches an Russel zu schicken. Im Jahr darauf kann er nach Wien zurückkehren. Doch er hat sich verändert. Sein Millionenvermögen verschenkt er an seine Geschwister und beschließt Volksschullehrer zu werden. Im Herbst 1919 beginnt er mit der Lehrerausbildung, die damals nur ein halbes Jahr dauerte. 1920, nachdem er mit dieser Ausbildung fertig ist, arbeitet er erst einmal einige Monate als Hilfsgärtner im Stift Klosterneuburg und denkt darüber nach, Mönch zu werden. Er tritt dann aber im September doch seine erste Lehrerstelle an. Weitere folgten. Er war als Lehrer nicht erfolgreich. Stets gab es Spannungen mit Eltern, Schülern und Kollegen. Nachdem 1926, als er seine dritte Lehrerstelle hat, gar ein Disziplinarverfahren gegen ihn aufgenommen werden soll, gibt er auf. Wieder einmal arbeitet er für eine kurze Zeit als Gärtner in einem Kloster, den »Barmherzigen Brüdern«, und überlegt erneut, ob er nicht Mönch werden solle. Doch dem Abt gelingt es, ihm das auszureden. Daraufhin wird er als Architekt und Baumeister tätig und entwirft und baut eine Villa für seine Schwester. Selbst die Innenarchitektur führt er aus. Von berühmten Architekten wird das Haus hochgelobt.

1929 ist das Haus fertig, und Wittgenstein zieht es wieder nach Cambridge. Er hat erfahren, dass er seinen *Tractatus* als Doktorarbeit einreichen kann – zumal seine Freunde Moore und Russel Prüfer sind. Moore schreibt in seinem Prüfungsbericht: »Der ›Tractatus‹ ist das Werk eines Genies, ansonsten aber erfüllt er die Voraussetzungen für die Annahme als Doktorarbeit.«

Wittgenstein erhält einen Forschungs- und Lehrauftrag und hält in Cambridge Seminare über Sprache, Logik und Mathematik. Während dieser Zeit entstehen das so genannte *Blaue Buch* und das *Braune Buch* (die nach ihren Umschlägen benannt sind) – Bücher, die aber nicht für den Druck, sondern nur für Unterrichtszwecke bestimmt sind. Gleichwohl ist in diesen Büchern bereits zu erkennen, dass sich Wittgenstein darüber klar geworden ist, mit dem *Tractatus* keineswegs alle philosophischen Probleme gelöst zu haben.

In Deutschland hatte sich mittlerweile sein ehemaliger Mitschüler Hitler zum Diktator aufgeschwungen und Österreich »angeschlossen«. Menschen mit jüdischen Vorfahren mussten immer mehr um ihr Leben fürchten. Nun war Wittgensteins Opa noch Jude gewesen. Wittgenstein selbst bemühte sich 1938 erfolgreich um die britische Staatsbürgerschaft und er sorgte (durch Bestechung) dafür, dass seine Schwestern in Wien das Siegel »deutschblütig« (was immer das auch sein mochte) erhielten und somit vor den Nürnberger Rassegesetzen einigermaßen sicher waren.

Im Herbst 1939 wurde Wittgenstein in Cambridge Professor. Selbst seine Gegner sagten: »Wenn man Wittgenstein den Lehrstuhl verweigerte, wäre das so, als würde man Einstein den Lehrstuhl für Physik verweigern.« Doch bevor er seine Tätigkeit als Professor aufnehmen kann, bricht der Zweite Weltkrieg aus.

Wittgenstein arbeitet während des Krieges in Krankenhäusern; zunächst als Pförtner und Laborant im Guy's Hospital, dann im medizinischen Labor des Krankenhauses in Newcastle.

Schließlich ist auch dieser schreckliche Krieg zu Ende, und Wittgenstein beginnt, als Professor Vorlesungen zu halten. Allerdings laufen diese »Vorlesungen« recht ungewöhnlich ab: Wittgenstein geht auf und ab und denkt einfach laut. Seine Studenten erleben mit, wie bei ihm neue Ideen entstehen. Sie können immer Fragen stellen und sehen, wie dadurch seine Gedanken auf neue Pfade kommen. Ist das nicht eine hervorragende Art und Weise, Philosophie nicht als Lehre, sondern als Tätigkeit zu demonstrieren?

Wittgenstein ist jedoch die Tätigkeit als britischer Universitätslehrer eher lästig; so hasst er beispielsweise die obligatorischen Tischgespräche des Lehrkörpers und nimmt seine Mahlzeiten daher meist auf seinem Zimmer ein. Aber nicht lange. Denn schon nach zwei Jahren, 1947, gibt er seine Professur auf und zieht sich nach Irland in eine Hütte am Meer zurück. In Irland beendet er auch sein zweites Hauptwerk, die *Philosophischen Untersuchungen*. In dieser Arbeit zeigt sich, dass Wittgenstein ein wahrer Philosoph ist. Denn er verwirft sein erstes Werk, den *Tractatus*, beinahe vollständig. Das ist ja nicht so selbstverständlich, wie es scheint: dass man seine Gedanken als falsch erkennt und sein Denken folgerichtigerweise von Grund auf neu bestimmt – welcher andere Philosoph hat das fertiggebracht?

Dass Wittgenstein seine erste große Arbeit komplett revidiert, hat allerdings gute Gründe. Das Hauptproblem mit dem *Tractatus* ist vor allem, dass er, um sein Ziel – eine streng logische Analyse der Sprache – durchzuführen, das Wesen der Sprache extrem einseitig betrachten musste. Die Sprache aber ist nun einmal nicht eindeutig und wird es auch durch noch so geschicktes Argumentieren nicht. Die Sprache ist vielmehr in ihrem Wesen äußerst komplex, mehrdeutig und vielschichtig. Nach den Thesen im *Tractatus* sind nicht nur metaphysische Aussagen sinnlos, sondern ebenso Fragen, Gedichte, Wertungen usw. – was nun doch, um es einmal klar zu sagen, ziemlicher Quatsch ist. Der *Tractatus* wird der Vielfalt der Möglichkeiten der

244

Sprache nicht im Geringsten gerecht. Letztlich lässt sich Wittgensteins frühere Auffassung nicht einmal für den kleinen Ausschnitt der Sprache, für den der *Tractatus* auf den ersten Blick einigermaßen anwendbar erscheint, halten: Tatsachensätze und wissenschaftliche Aussagen. Wenn man die ersten Seiten des *Tractatus* liest, fällt bereits auf, dass Wittgenstein für seine Grundannahmen keinerlei Begründung liefert.

Nun, Wittgenstein erkennt das immerhin selbst. Und seine neue Philosophie ist viel differenzierter. Das Einzige, was bleibt, ist die Annahme, dass alle Philosophie Sprachphilosophie ist. Doch in den *Philosophischen Untersuchungen* geht es um die Umgangssprache, die »Mannigfaltigkeit der Sprachspiele«. Die Ursache der meisten philosophischen Probleme sieht Wittgenstein in der Sprache. Denn Wörter sind für die Philosophie wie Werkzeuge, und sprachliche Aussagen erfüllen, wie unterschiedliche Werkzeuge, ganz verschiedene Funktionen. Natürlich gibt es *auch* Sätze, die Tatsachen abbilden sollen. Doch es gibt eben auch völlig andere Sätze, beispielsweise solche, die zum Fragen, zum Dichten, zum Informieren usw. dienen. Wittgenstein spricht nunmehr von Sprachspielen und meint, dass die Menschen unterschiedliche Sprachspiele spielen. Das »Sprachspiel« eines Dichters unterscheidet sich von dem eines Wissenschaftlers, eines Theologen oder eines Partygastes. Es kommt völlig auf den Kontext an. Ohne seinen Kontext, seine »Spielregeln«, kann ein Sprachspiel nicht verstanden werden. In der Philosophie muss es also darum gehen, das philosophische Sprachspiel zu untersuchen und den Gebrauch der philosophischen Sprache zu beschreiben. Die philosophischen Probleme lösen sich nicht auf, indem man Theorien aufstellt, sondern indem man die zugrunde liegenden Missverständnisse untersucht und behandelt, wie ein Arzt: »Der Philosoph behandelt eine Frage wie eine Krankheit.«

Mit dem Abschluss der *Philosophischen Untersuchungen* beginnt das Ende von Wittgensteins Leben. Er erfährt, dass er Krebs hat. Daraufhin kehrt er nach Cambridge zurück, um dort im Kreise seiner Freunde zu sterben.

»Der Tod ist kein Ereignis des Lebens. Den Tod erlebt man nicht. Wie auch beim Tod die Welt sich nicht ändert, sondern aufhört«, hat Wittgenstein im *Tractatus* geschrieben. Am 29. April 1951 hört seine Welt auf.

Wittgenstein war ein so genannter »Sprachphilosoph«, das heißt, er war der Ansicht, dass die philosophischen Probleme im Großen und Ganzen mit der Sprache zusammenhingen.

Die Sprache ist so etwas Natürliches, dass es schon eine philosophische Ader braucht, damit man sich

246

über so etwas scheinbar Selbstverständliches überhaupt Gedanken macht.

Aber wir haben es uns ja vorgenommen zu philosophieren. Und daher wollen wir jetzt einmal intensiv darüber nachdenken, was es mit der Sprache so auf sich hat.

Sprachspiele

»*Genau betrachtet,
ist alles Gespräch nur Selbstgespräch.*«
(Christian Morgenstern)

Stellen Sie sich einmal vor, dass es plötzlich keine Sprache gäbe – nein! Warten Sie noch ein bisschen … Also stellen Sie sich, aber erst, wenn dieser Absatz endet, vor, dass es keine Sprache mehr gäbe. Nicht nur, dass alle Menschen stumm wären. Sondern es gäbe keine Sprache, natürlich auch keine Schrift- oder Zeichensprache. Sie könnten also nichts sprachlich denken, sich Ihre Zukunft nicht wortreich darstellen … Können Sie sich das vorstellen? Versuchen Sie's.

Wir nehmen an, dass der Versuch nicht geglückt ist. Dass Sie das nicht geschafft haben, liegt nicht etwa daran, dass es Ihnen an Phantasie fehlte, oder dass Sie keine Lust hatten – es lag daran, dass Sie ein Mensch sind. Sie können gar nicht anders, als sprachlich zu denken, wenn Sie bewusst denken. Sobald Sie in Bildern, Gefühlen, Tastwahrnehmungen bewusst zu denken versuchen, werden Sie feststellen, dass Sie das Gesehene, Gefühlte, Getastete in Sprache übersetzen. Eine Welt ohne Sprache ist eine nicht menschliche Welt.

Wir meinen hier nicht ausschließlich die gesprochene Sprache – natürlich auch die geschriebene Sprache, die Taubstummensprache, die Sprache, die selbst taub-blinde Menschen, wie Helen Keller, lernen können. Wir meinen hier mit Sprache jedes Kommunikationsmittel, das willkürliche Symbole mit festgelegter Bedeutung verwendet.

Die Welt wie wir sie kennen, die menschliche Kultur und Technik, ist durch die Sprache geformt. Woher kommt dieses Wunder der Sprache? Gab es in der Vorgeschichte Menschen ohne Sprache?

Nach dem, was wir heute wissen, entwickelte sich die Sprache gleichzeitig mit der menschlichen Spezies – Mensch sein, heißt über irgendeine Form der Sprache verfügen. Die Vorfahren des Menschen, die sich vor etwa sechs Millionen Jahren von der Entwicklungslinie getrennt hatten, die zu den heutigen Menschenaffen führte, kannten noch kein Feuer und keine Werkzeuge. Erst vor etwa einer Million Jahre begannen die menschenähnlichen Vorfahren (Hominiden) Werkzeuge herzustellen – und vielleicht die ersten Ansätze zu einer Sprache zu entwickeln. Vor etwa 30 000 Jahren entstand der heutige Mensch – und mit ihm Technik, Kultur und Kunst. Diese erstaunliche Entwicklung wird nur begreiflich, wenn man annimmt, dass zu dieser Zeit auch die menschliche Sprache einen enormen Aufschwung erlebte.

Die Entwicklung der Sprache hing höchstwahrscheinlich mit der Spezialisierung eines bestimmten Teiles der linken Gehirnhälfte zusammen, dem so genannten Broca-Zentrum. Bis diese funktionale Spezialisierung auftrat, unterschied sich die menschliche wohl nicht grundlegend von der tierischen Kommunikation. Als der moderne *Homo sapiens* auftrat, dessen Kehlkopf viel besser zum Sprechen geeignet war, entwickelte sich die menschliche Sprache explosionsartig.

All dieses Wissen ist zwar interessant, aber es bringt uns dem Wunder der Sprache nicht wesentlich näher: Es wird nur ein wenig deutlicher, dass die Sprache etwas eigentümlich Menschliches ist.

Vielleicht hilft ein Blick darauf, wie ein Kind sprechen lernt. Interessanterweise ist das bei allen Kindern aller Kulturen gleich. Jedes Kind lernt die Sprache – ohne Anleitung und Unterweisung. Doch es muss sie hören; Sprache ist nicht angeboren. Anfangs lernt ein Kind seine Stimmorgane kennen und beginnt damit, alle mögliche Laute auszuprobieren – es durchlebt die so genannte Lallphase. Etwa mit einem Jahr beginnt es, die ersten »Sätze« zu bilden. Und zwar Einwortsätze, bei denen dieses eine Wort die Bedeutung eines gesamten Satzes trägt – beispielsweise kann ein Kind mit »dada« ausdrücken, dass es seinen Teddy haben möchte. Nach einem weiteren halben Jahr folgt die Zweiwortphase. Das Kind verbindet nun schon Gegenstände mit Eigenschaften oder Tätigkeiten. Es sagt beispielsweise »Pipi machen« oder »Teddy nass«. Gleichzeitig nimmt sein Vokabular rapide zu. Ungefähr im Alter von zwei Jahren beginnt dann die Mehrwortphase; die Sprache wird nun immer komplexer. Mit dem Eintritt der Pubertät ist die Sprachentwicklung prinzipiell abgeschlossen – auch wenn sich natürlich lebenslang Wortschatz und Sprachstil verbessern können.

Aber wie schaffen es Kinder, die Sprache zu lernen, wenn sie vorher nichts wissen und sie auch keinerlei Unterricht haben? Die Vorstellung, dass es sich nur um Imitation handelt, die durch Belohnung gefördert wird, ist unbefriedigend. Es ist wohl eher so, dass das Kind sein Gehirn für das einsetzt, für das es zu einem großen Teil gemacht ist: Zusammenhänge zu organisieren, Verbindungen herzustellen, die Welt zu repräsentieren – zu denken.

Es ist unvorstellbar, was alles mit Hilfe der Sprache ausgedrückt werden kann – auch wenn klar ist, dass nicht alles mit sprachlichen Mitteln ausgedrückt werden kann. Wir können Gefühle, Bilder, Klänge, Gerüche usw. beschreiben, aber diesen Beschreibungen wird immer ein Mangel anhaften. Um ein einfaches Beispiel anzuführen: Wir können niemals einem Blinden eine Farbe beschreiben, ganz gleich wie einfallsreich und redegewandt wir auch sein mögen.

Nun gut – aber was können wir alles sagen! Alles was bewusst denkbar ist, können wir aussprechen. Selbst über Konzepte, die keinerlei Realität haben, können wir sprechen: über fliegende Pferde, sprechende Planeten, Elfen und Feen, Geister und Götter ... denken Sie sich aus, was Sie wollen!

Ist das nicht seltsam? Wie denken wir etwas, was es (wahrscheinlich?) nicht gibt, was wir niemals gesehen haben?

Der Trick der Sprache ist, dass nicht sinnliche Gegenstände Sprachobjekte sind, sondern lediglich Symbole – die wir mit Hilfe weiterer Symbole verändern und manipulieren können. Sprache ist das Jonglieren mit Symbolen. Und mit Hilfe dieser Artistik können wir so tun, als ob. Wir können die Zukunft symbolisch vorwegnehmen und damit planend handeln.

Das Problem dabei ist: Wir sind so sehr an das Hantieren mit diesen Symbolen gewohnt, dass wir sie mit der Realität (was immer das auch sein mag) verwechseln. Wir denken etwas (sprachlich) und bearbeiten das Gedachte (wiederum sprachlich) und glauben, dass das, was dabei herauskommt, »wahr« wäre. Und, das ist ja das Erstaunliche, es funktioniert ja auch ziemlich oft! Je komplexer und abstrakter die Symbole jedoch werden, desto mehr Konflikte mit der Realität tauchen auf: die philosophischen und religiösen »Probleme«. Sind diese Probleme vielleicht nichts weiter als Illusionen? Sind letztlich alle philosophischen Probleme Probleme mit der Sprache?

Einige Philosophen – beispielsweise Wittgenstein – waren genau dieser Ansicht. Diese Probleme lassen sich natürlich auch nicht lösen, denn die »Lösung« müsste ja wiederum sprachliche Symbole verwenden, um mitgeteilt werden zu können …

Um noch einmal darauf zurückzukommen, was wir mit Sprache alles sagen können: Einmal abgesehen von den Problemen, die auftauchen, wenn wir sprachliche Aussagen und »die Wirklichkeit« miteinander in Harmonie bringen wollen – wir können doch unendlich viel sagen. Oder?

Können wir tatsächlich beliebig viele Sätze bilden? Nicht wir oder Sie, ja nicht einmal alle Menschen, die gelebt haben und jemals leben werden – sondern prinzipiell. Können beliebig viele Sätze gebildet werden?

Stellen Sie sich einmal Folgendes vor: Wir schreiben ein ganz einfaches Computerprogramm. Das Programm macht nichts anderes, als sämtliche Buchstaben unseres (oder irgendeines) Alphabetes in allen möglichen Reihenfolgen auf ein Blatt Papier zu

drucken, auf das etwa 2000 Zeichen passen. Das erste Blatt wäre leer, da der Computer nur Leerzeichen druckt. Das zweite Blatt würde mit einem »a« beginnen, gefolgt von 1999 Leerzeichen, beim dritten Blatt stünde das »a« an der zweiten, beim vierten Blatt an der dritten Stelle usw. Irgendwann würden dann zwei Buchstaben, dann drei usw. auf dem Blatt stehen. Schließlich wären die Blätter mit Buchstabensalat gefüllt. Mitunter taucht zufällig ein Wort auf – ein deutsches, ein englisches oder auch eines in einer Sprache, die längst ausgestorben ist oder die erst in 10 000 Jahren gesprochen werden wird. Und – nach vielen Billionen Seiten – ergeben die Buchstaben zufällig ein Goethe-Gedicht. Ja, viele Millionen Seiten geben das gleiche Gedicht wieder, mit allen nur vorstellbaren Schreibfehlern. Da alle Kombinationen durchgemacht werden, tauchen auf den Seiten, die das Programm schreibt, schließlich alle Seiten aller Bücher, die jemals geschrieben wurden und geschrieben werden, in allen Sprachen, mit allen nur denkbaren Schreibfehlern auf. Auch alle Gedanken aller Menschen, die jemals gelebt haben, leben und leben werden, tauchen auf. Auch diese Zeilen. Auch das, was Sie gerade denken …
Aber irgendwann käme das Programm zum Ende – wenn alle Kombinationen aller Buchstaben durchprobiert wurden. Wir können sogar ausrechnen, wie viele Seiten das wären.

Wir nehmen einmal der Einfachheit halber an, dass wir 100 unterschiedliche Lautzeichen verwenden. Auf jeder Seite sollen 2000 Zeichen Platz haben. Für jede Stelle auf dem Blatt gibt es also 100 verschiedene Möglichkeiten.

Für das ganze Blatt ergeben sich also 100x100x100 …(zweitausendmal müssen wir mit 100 malnehmen) Möglichkeiten; mathematisch geschrieben 100^{2000}, eine 10 gefolgt von 4000 Nullen. Diese Zahl ist die Zahl von Seiten, mit der alle nur möglichen aussprechbaren Gedanken aufgeschrieben werden könnten. Ein solches Programm könnte jeder Programmieranfänger schreiben. Aber wie viel Zeit und wie viel Papier bräuchte man?

Unser Universum existiert nach heutigen Schätzungen etwa seit 15 Milliarden oder 15 000 000 000 Jahren, das sind 473 040 000 000 000 000 oder über 400 Billionen, also nicht einmal 100^9 Sekunden. Wenn unser Computerprogramm seit Anbeginn des Universums in jeder Sekunde eine Million Seiten ausgedruckt hätte, hätte es bis heute nicht einmal 100^{12} Seiten geschafft – nur ein winziger Bruchteil der Gesamtzahl möglicher Seiten. Allerdings wäre bereits dann schon längst das gesamte Universum mit Papier gefüllt …

Was wir denken können, ist endlich. Aber es ist unvorstellbar viel.

Am besten Sie fangen heute noch damit an!

Buddha

»Nicht durch die Feindschaft
kommt in dieser Welt Feindschaft zur Ruhe.
Durch Nichtfeindschaft kommt sie zur Ruhe.«
(Buddha)

Der dritte der großen östlichen Philosophen, die wir in unserem Buch besprechen wollen, ist Siddharta Gautama, genannt Buddha – »Der Erwachte«. Seine Lehre ist die einzige, die bei uns im Westen nennenswerte Verbreitung gefunden hat; und auch das erst in diesem Jahrhundert. Wie auch der Taoismus ist der Buddhismus ursprünglich eine philosophische Lehre, die im Laufe der Zeit jedoch mit volkstümlichen Vorstellungen vermischt und zu einer Art Religion wurde. Wir sprechen hier nur über die philosophische Lehre Buddhas.

Das alte Indien war mehr noch als das alte Griechenland eine Heimstatt der Philosophie. Schon tausend Jahre vor Buddha war das Leben geprägt von den philosophischen Lehren der Veden, uralter heiliger Schriften, die etwa den sechsfachen Umfang der Bibel haben. Diese Schriften enthielten unter anderem die *Upanishaden,* in denen die Lehre von der letztlichen Einheit aller Erscheinungen und der stetigen Wiedergeburt niedergelegt ist.

In diesem Indien lebte vor über 2500 Jahren, in der Nähe der Stadt Kapilavastu im heutigen Nepal, ein Fürst namens Suddhodana Gautama und seine Gattin Maya. Maya wurde schwanger, und nach zehn Monaten gebar sie einen Sohn, der Siddharta genannt wurde.

Der junge Prinz Siddharta wuchs gemeinsam mit den anderen Kindern der Adligen auf, kannte keine Armut, keinen Hunger und kein Leid – im Gegensatz zur Mehrheit des armen Volkes.

Unter allen Knaben war Siddharta der beste im Reiten, Bogenschießen und Fechten. Es hieß von ihm, dass ihn keiner seiner Altersgenossen überwinden könne, was seinen Vater, der hoffte, sein Sohn würde ein berühmter Krieger werden, natürlich sehr freute. Andererseits zeigte sich bald, dass Siddharta auch in den Wissenschaften äußerst begabt war und ungeheuer schnell lernte – bereits als Jugendlicher soll er alle am Hof seines Vaters bekannten Sprachen gesprochen haben. (Wir können wohl davon ausgehen, dass es mehr als eine war.) Dazu kamen nun auch noch seine Neigung zu Meditation und das Studium der heiligen Schriften.

Im Gegensatz zu den körperlichen Fähigkeiten seines Sohnes erfreuen die geistigen Interessen des

Prinzen den Vater weniger, denn er will keinen großen Weisen, sondern einen berühmten Krieger als Sohn. Doch es kommt nie wirklich zum Streit zwischen Vater und Sohn. Immerhin hat Siddharta auch die Fähigkeiten, die ein Kriegsherr und Fürst braucht – und schaden kann das Wissen Siddharta ja wohl nicht, denkt sich der Vater. Als sich Siddharta dann auch noch in die schöne Prinzessin Yasodhara verliebt und sie schließlich sogar heiratet – Siddharta ist ungefähr 22 Jahre alt – ist der Fürst überglücklich. Eine rauschende Hochzeit wird gefeiert, und Suddhodana glaubt, dass nun der Sohn den Weg einschlagen wird, der ihn zum Nachfolger auf dem fürstlichen Thron machen wird.

Zunächst sieht es auch danach aus. Siddharta nimmt am höfischen Leben teil, übt sich in den Kriegskünsten und zeugt mit seiner Frau Yasodhara einen Stammhalter, Rahula.

Doch schließlich kommt dann alles ganz anders, als es sich die Familie vorstellt. Eines Tages begibt sich Siddharta nämlich auf den Weg in die nahe gelegene Stadt Kapilavastu. Auf diesem Weg hat er ein Schlüsselerlebnis. Siddharta, der bislang nur das Schöne und Angenehme kannte, wird mit der harten Realität konfrontiert: Zuerst sieht er einen ausgezehrten Greis, der vom Alter gezeichnet ist, dann begegnet er einem Sterbenskranken, der sich in Qualen windet und schließlich führt sein Weg auch noch an einer aufgebahrten, verwesenden Leiche vorbei. Siddharta ist tief berührt und ihm fällt es wie Schuppen von den Augen: Alles ist vergänglich und nichts hat Bestand.

Tief in Gedanken versunken geht er wieder nach Hause, da beobachtet er einen wandernden Asketen – und weiß: Das ist auch sein zukünftiger Weg.

Kurz darauf – er ist 29 Jahre alt – verlässt er im frühen Morgengrauen seine Familie, seine schöne Frau, seinen kleinen Sohn und zieht fort, um bei den Asketen die Kunst der Entsagung zu lernen und zu dem Wirklichen hinter dem *maja*, dem Schein, vorzudringen.

Siddharta wird also Asket. Als erstes legt er seine reichen Gewänder ab und schneidet sich die Haare. Er zieht durch die Wälder, bis er auf Yogis trifft.

Er fastet, lernt Hitze und Kälte, Hunger und Durst zu ertragen. Er lernt den Atem, seinen Körper und seine Sinne zu kontrollieren. Er magert ab, bis er nur noch Haut und Knochen ist und ihm seine verbliebenen Haare ausfallen. Doch der Erleuchtung bringt ihn auch das nicht näher.

So gibt er das asketische Leben auf und probiert es mit den Lehren der Brahmanen. Doch ihr Dogma und das Kastensystem stoßen ihn ab und können seinen Durst nach wahrer Erkenntnis auch nicht befriedigen. Er verlässt seine Lehrer wieder und sagt zum Abschied: »Gebt euch keine Mühe – ihr werdet die Menschen nicht bessern.«

Er wandert durch das Land, bis er sich unter einem Feigenbaum niederlässt und den festen Entschluss fasst, zu meditieren und nicht eher wieder aufzustehen bis er die Erleuchtung erlangt hat. Lange sitzt er dort, bei Regen und Sturm, bei glühender Sonne, bei Tag und bei Nacht.

Schließlich erkennt er die Verkettung von Ursachen und Wirkungen. Er verfolgt die Kette bis zum Schluss. Endlich – nach sieben Jahren der Wanderschaft – hat er gefunden, was er suchte.

Eine letzte Frage plagt ihn nur noch: Soll er, nun da er die Ursache des Leides in der Welt erkannt hat, versuchen, diese Erkenntnis weiterzugeben oder muss sein Weg von jedem Einzelnen gegangen werden. Würde er das Unaussprechliche anderen Menschen vermitteln können?

Wie wir wissen, entschied er sich dafür, es zu versuchen. So machte er sich auf den Weg in die große Stadt Benares, wo er in einem Park zu seinen ersten Schülern sprach. Diese berühmte Rede von Benares ist uns überliefert. Sie kennzeichnet den Beginn des Buddhismus.

»Ihr Suchenden: erkennt, dass alles Sein dem Leiden unterworfen ist. Geburt ist Leiden, Tod ist Leiden, von denen getrennt sein, die man liebt, ist Leiden, nicht das zu erlangen, was man wünscht, ist Leiden. Der Ursprung des Leidens ist der Wunsch nach ewigem Leben und der Wunsch nach Befriedigung der Sinne.

Das Aufheben der Begierde bewirkt das Aufheben des Leids.

Der Weg zur Aufhebung der Begierde ist der mittlere Weg, der Weg, der zur Ruhe, zur Erkenntnis, zur Erleuchtung führt. Erkennt, ihr Suchenden, dass der mittlere Weg ein achtfacher ist: rechtes Denken, rechtes Reden, rechtes Handeln, rechtes Streben, rechte Ansicht, rechtes Leben, rechte Achtsamkeit und rechte Meditation.

Das, ihr Suchenden, ist die edle Wahrheit vom Leiden.

Das, ihr Suchenden, ist die edle Wahrheit von der Aufhebung des Leidens.

Dies, ihr Suchenden, ist die edle Wahrheit vom Weg, der zur Aufhebung des Leidens führt.

Dies, ihr Suchenden, ist die edle Wahrheit vom achtfachen Pfad.«

Das ist die ganze Lehre des Buddha, so einfach, so klar, so praktisch, wie man es sich nur von einer philosophischen Lehre wünschen kann. Die Wirkung auf die Menschen, die ihn hörten, war geradezu überwältigend. Jeder, der seine Lehre vernahm, wurde im Innersten berührt. Eine immer größere Zahl von Schülern folgte dem Erleuchteten und bedachte ihn mit Ehrennamen, wie »der Heilige« oder »der Erhabene«.

Buddha selbst lehnte eine solche Verehrung seiner Person natürlich ab, wie das folgende überlieferte Gespräch zeigt:

Ein Schüler spricht den Buddha an: »O Weisester der Weisen!«

Buddha lächelt: »Das sind große, kühne Worte. Hast du denn alle Erhabenen der Vergangenheit gekannt, dass du mich so nennen kannst?«

Das muss der Schüler natürlich verneinen.

»Aber dann kennst du zumindest mich und hast meinen Geist ganz durchdrungen?«

»Nein.«

»Warum sprichst du dann so große Worte? Warum diese Verzückung?«

Die Ablehnung der Verehrung des Buddha als Heiligen drückt sich übrigens auch gut in einem – oft missverstandenen – Spruch des Zen-Buddhismus aus: »Wenn du dem Buddha auf dem Wege begegnest, so töte ihn!« Natürlich ist damit keinerlei Gewalttätigkeit gemeint, sondern nur, dass der Lehrer und die Lehre nicht wichtig sind, sondern das eigene Bemühen und die Selbstverantwortung.

Siddharta Gautama, der Buddha, war nunmehr 35 Jahre alt. Er zog durch die Lande und trug seine

Lehre vor. Bald schon folgten ihm Tausende, und die Lehre verbreitete sich unaufhaltsam.

Und er kehrte sogar wieder nach Hause zurück – 32 Jahre, nachdem er verschwunden war, im Alter von über 60 Jahren. Sein Vater Suddhodana war noch am Leben, und auch seine Gattin Yasodhara und seinen Sohn Rahula sah er wieder. Sie nahmen seine Lehre vom Leiden und der Befreiung vom Leiden an.

Buddha verließ seine Heimatstadt allerdings bald wieder, nicht jedoch ohne zuvor eine Lehrrede vor dem versammelten Volk zu halten.

In dieser Rede stellt er – wenn auch eher widerstrebend und erst auf vielfachen Wunsch seiner Schüler – einige Regeln für das tägliche Leben auf:

»Habt Mitleid und achtet auch das geringste Leben. Gebt, was ihr geben könnt und nehmt ohne Scham, was man euch gibt, aber nichts Überflüssiges. Sprecht stets die Wahrheit und seid in sexuellen Dingen maßvoll.«

Diese Regeln sind keine Gesetze, wie die biblischen Zehn Gebote, deren Missachtung Strafen einer überirdischen Macht nach sich ziehen würde – der Buddhismus betont die Selbstverantwortung. Ein Verstoß gegen diese Lebensregeln ist keine »Sünde«, sondern erschwert erfahrungsgemäß die Befreiung vom Leiden und die Erleuchtung. Nichts ist von Dauer, es gibt keinen Gott, keinen

Schöpfer, keine unsterbliche Seele, lehrt der Buddha.

Doch das bedeutet nicht, dass alles zusammenhanglos und chaotisch wäre – ganz im Gegenteil: alle Dinge hängen zusammen, eines folgt aus dem anderen.

Das berühmte »Lebensrad« stellt die Beziehungen dar. Nichtwissen und Nichterlöstheit bewirken das Verlangen – die Ursache allen Lebens und Leidens – und legen so den Grundstein für weiteres Leben und Leiden. Ein neues Lebewesen entsteht im Mutterleib, nimmt Gestalt und Individualität an, nimmt durch die Wahrnehmung Kontakt mit der Außenwelt auf. Aus der Verbindung mit der Welt entsteht neues Verlangen nach den Dingen. Der Kreis schließt sich.

Der Buddha hatte sein achtzigstes Lebensjahr erreicht, da wurde er auf einer Reise krank und wusste, dass er nun sterben würde. Er setzte sich auf sein Lager und sprach das letzte Mal zu seinen Schülern:

»Nichts existiert in der sichtbaren und unsichtbaren Welt. Versucht nicht, das Unfassliche in Worte zu fassen. Wer fragt, irrt bereits und wer antwortet, irrt ebenfalls. Erhofft euch keine Hilfe von Göttern, denn auch sie sind vergänglich. Erwartet alles nur von euch selbst.

Lasst euch nicht täuschen: Das Leben ist ein langer Todeskampf. Doch es gibt ein Ende des Leidens; ihr werdet es jedoch nicht finden, wenn ihr nicht eure Leidenschaften und Wünsche aus eurem Herzen verbannt.

Hegt nur gute Gefühle und überwindet den Zorn.«

Seine letzten Worte waren: »Seht den Körper des Buddha, auch er muss, wie alles, vergehen.« Dann schloss er die Augen, legte sich nieder und starb.

Für Buddhisten ist die Welt nur Erscheinung. Und das ist noch eher positiv formuliert. Meist wird sie eher als »Illusion« bezeichnet. Den meisten Menschen ist das zu abgehoben. Die Welt ist doch da, das sehen wir ja. Aber einmal ganz abgesehen davon, dass diese Argumentation ja wirklich unsinnig ist (denn natürlich sehen wir sie, auch wenn sie eine Illusion ist – sonst wäre es ja eine extrem schlechte Illusion!), haben wir ja schon, als wir über Kant gesprochen haben, festgestellt, dass es so einfach nicht ist.

Aber was bleibt, so sehr wir auch darüber philosophieren, ob die Welt nun eine Illusion ist oder nicht, ist doch das Ich, der Geist, der über die Welt nachdenkt. Oder könnte sogar das eine Illusion sein?

Die Illusion des Ich

> »*Wenn ich mich im Zusammenhang des Universums*
> *betrachte, was bin ich?*«
> (Ludwig van Beethoven)

»Ich denke, also bin ich«, lautet der berühmte Satz
des Philosophen René Descartes. Wer ist dieses
»Ich«, wer ist es, der hier denkt?

Zunächst erscheint es doch so einfach. »Ich« ist das
Wort, mit dem eine Person sich selbst bezeichnet.
Aber was steht hinter diesem »Ich«?

Ich habe Körper, Seele und Geist. Wer ist es, der das
hat? Gibt es ein »Ich« *ohne* Körper, Seele und
Geist?

Vielleicht könnten wir die Sache einmal ganz pragmatisch angehen. Was kann man von mir wegneh-
men, bis das Ich verschwindet? Beginnen wir mit
den Haaren – sicherlich kann man sie abschneiden,
ohne dass das »Ich« sich auflöst. Auch die Glied-
maßen, die inneren Organe (wenn Maschinen ihre
Funktionen übernehmen), ja, vielleicht sogar die
Sinnesorgane.

Kann man das Gehirn entfernen, ohne dass das Ich

verschwindet? Man kann Organe, Körperteile, Haare transplantieren – aber können Sie sich vorstellen, dass Sie sich bei einer Schädigung Ihres Gehirns ein anderes Hirn einsetzen lassen? Bin »ich« ich ohne Gehirn? Bin ich ein Gehirn? Bin »ich« Nervenzellen, Neurotransmitter, Blutgefäße und elektrische Impulse?

Wie ist es denn bei einer Narkose, bei der das Bewusstsein ausgeschaltet wird? Ist das »Ich« das Bewusstsein?

Nach dem Aufwachen aus der Narkose sage ich doch vielleicht: *Ich* war bewusstlos. Ist denn ein Ich ohne Bewusstsein vorstellbar? Wohl kaum, denn »Ich« ist ja ein Begriff, der eine bewusste Handlung beinhaltet: das Denken des »Ich«.

Aber wo war dann das Ich während der Narkose? Ist das Ich überhaupt etwas Konstantes? Zunächst scheint es so. »Ich« war ich als Kind, als Jugendlicher, vor zwei Jahren, vor zwei Monaten, vor zwei Tage, zwei Stunden, Minuten, Sekunden, jetzt. Ist jedoch das »Jetzt-Ich« tatsächlich dasselbe wie das »Vor-zehn-Jahren-Ich«? Immerhin sah ich anders aus, hatte andere Gedanken, andere Gefühle als jetzt.

Von »außen« betrachtet wird die Angelegenheit noch schwieriger. Wie können wir wissen, ob jemand anders ein Bewusstsein hat, ein »Ich« ist? Bei anderen Menschen erscheint das irgendwie selbstverständlich. Aber wie ist es bei Tieren? Bei Computern?

Nehmen wir an, ein Computer wird so programmiert, dass er Sätze bildet, die sich auf ihn selbst beziehen, beispielsweise: »Ich fühle mich heute sehr wohl. Danke, dass du den Strom eingeschaltet hast!« Würde das ausreichen, damit wir dem Computer ein *tatsächliches* Ich zugestehen? Natürlich nicht. Aber wenn der Computer nun so programmiert wird, dass er mit Menschen »sprechen« kann, d.h., dass er auf Fragen beliebiger Art sinnvoll antwortet? Dazu benötigt er natürlich eine große Datenbank, aber Ansätze dazu gibt es bereits.

Dennoch wären nur wenige Menschen bereit, einem Computer ein Ich zuzugestehen. Schließlich weiß man ja, wie die Antworten des Computers zustande kommen.

Der Mathematiker Alan Turing hat sich über das Problem, ob Maschinen denken können, intensiv Gedanken gemacht und einen Test vorgeschlagen, bei dem es darum geht, zu entscheiden, ob man mit einem Computer oder mit einem Menschen spricht. Dabei sitzt die Versuchsperson an einer Tastatur und hat einen Bildschirm vor sich. Der Bildschirm ist entweder mit einer Tastatur und einem zweiten Bildschirm, vor der ein Mensch sitzt, verbunden, oder aber mit einem Computer. Die Versuchsperson soll nun ihren Partner befragen und versuchen herauszubekommen, ob es sich um einen Menschen oder um eine Maschine handelt. Wenn er den Computer für einen Menschen hält, sollte er ihm auch Bewusstsein zugestehen.

Auch heute ist die Computertechnik jedoch noch nicht so weit, dass ein Computer, bzw. ein Programm, einigermaßen intelligente Menschen hinters Licht führen könnte, obwohl es interessante Ansätze gibt, z.B. das Programm ELIZA, das einen Gesprächspsychotherapeuten simuliert.

Interessanterweise sind die meisten Menschen jedoch prinzipiell nicht bereit, einer Maschine Bewusstsein zuzugestehen, selbst wenn sie durchaus intelligent antwortet. Wie kann (heute) ein Computer intelligent antworten? Nun, er kann es nicht, aber mit einem kleinen Trick haben wir ein (nebenbei gesagt äußerst unterhaltsames) Experiment durchgeführt. Zwei Computer wurden miteinander verbunden, und zwar so, dass das, was man auf dem einen Computer eingab, auf dem Bildschirm des anderen erschien. Unseren Versuchspersonen sagten wir allerdings, wir hätten ein ganz neues, sehr erstaunliches Computerprogramm, mit dem man sich unterhalten könne. Die Versuchsperson wurde an den einen Computer gesetzt. Das Verbindungskabel zum anderen Gerät im Nebenraum war natürlich gut versteckt. Am anderen Gerät saß jeweils einer von uns. Die Unterhaltung fand also immer zwischen zwei Menschen statt! Wir versuchten dabei nicht, einen Computer zu simulieren, sondern »redeten« genauso mit unserem Gesprächspartner, wie wir es auch sonst täten.

Ein kurzes Beispiel:

VP: Hallo Computer.

C: Hallo Mensch!

VP: Ich habe gehört, du sollst intelligent sein.

C: Na ja, es geht so. Und wie sieht's bei dir im Oberstübchen aus?

VP: Jetzt werde nicht unverschämt, dummer Computer.

C: Ein wenig mehr Gelassenheit, o weiser Mensch! Findest du mich intelligent?

VP: Nee, du bist dumm wie 'ne Brotmaschine.

C: Stell dir doch einmal vor, dass dieser Computer mit einem anderen verbunden wäre, an dem auch ein Mensch sitzt.

VP: Blödsinn.

…

Das besonders Interessante war, dass wir stets irgendwann im Gespräch genau beschrieben, wie die Sache funktionierte – doch von über 30 Personen kam nicht einer auf die Idee, dass es tatsächlich so sein könnte.

Andererseits war niemand bereit zuzugeben, dass der »Computer« vernünftig antwortete. Also: Selbst *wenn* ein Computer vernünftig sprechen könnte, würden ihm die meisten Menschen kein Bewusstsein zugestehen.

Was nun, wenn ein Computer in eine menschliche Puppe, die äußerlich nicht von einem wirklichen Menschen zu unterscheiden ist, eingesetzt würde? Statt einem Bildschirm gibt es eine Sprachausgabe, und sogar der Mund bewegt sich. Wenn er dann noch vernünftige Sätze von sich geben könnte (was man ja nicht einmal von allen Menschen behaupten kann), würden Sie ihm dann Bewusstsein zugestehen? So lange Sie es nicht wissen, dass es sich um eine Maschine handelt, wohl auf jeden Fall (denn für Sie sieht es ja so aus, als sei es ein Mensch).
Ist also das Bewusstsein vom Aussehen abhängig? Es scheint fast so zu sein, denn auch Tieren sprechen viele Menschen Bewusstsein zu, obwohl sie nicht mit ihnen sprechen können.
Aber das kann es ja auch nicht sein. Denn wenn eine Maschine in ein Hundefell gesteckt würde, die alle Bewegungen, Geräusche und Verhaltensweisen eines Hundes an den Tag legen würde, so würden viele immer noch sagen, dass die Maschine das Tier nur *imitiert*. Das »innere Licht« des Bewusstseins, die »Seele« fehlt.

Ist das »Ich« vielleicht nur eine Illusion? Ist das, was wir »Bewusstsein« nennen, mehr als »nur« das Zusammenwirken von chemischen und physikalischen Vorgängen in unseren Gehirnen?

Selbstverständlich ist der Mensch mehr als nur die Summe seiner Atome. Aber ist er mehr als die Summe aller Wechselwirkungen zwischen allen seinen Atomen, all seinen Zellen? Sind das Bewusstsein und das Ich letztendlich nur *Epiphänomene* (Begleiterscheinungen) des Gehirns und seiner Stoffwechselvorgänge?

Oder gibt es etwas, dass über das Physikalisch-Chemische hinausgeht? Ist der »Geist« unabhängig vom Gehirn? Liegt darin das Geheimnis des Ich? Wenn das so ist, können wir über das Ich überhaupt sprechen? Macht es einen Sinn, mit sprachlichen Symbolen zu hantieren, die das Ich voraussetzen?

Oder ist vielleicht alles »Ich«? Ist das Bewusstsein die Welt? In der Meditation kann genau dieses Gefühl eintreten – es gibt kein Ich, es gibt nur die Welt. Das Wort »ich« kennzeichnet nur einen bestimmten Aspekt dieser Welt, einen bestimmten Ort: Hier ist München, dort ist ein Hund, da steht ein Baum, hier bin ich?

Eine von Buddhas berühmtesten Aussagen lautet: »Tat twam asi – Du bist ich.« Das »Du« und das »Ich« sind nur zwei Seiten einer Medaille.

Erst beide Seiten zusammen sind das Ganze. Ist diese Ganzheit hergestellt, verschwinden viele »Probleme« wie von selbst.

Vielleicht ist das Problem des Ich und des Bewusstseins *das* Thema der Philosophie, aus dem sich alle anderen ergeben.

Philosophieren Sie doch ein wenig darüber!

Friedrich Nietzsche

»Dem wird befohlen,
der sich nicht selber gehorchen kann.«
(Friedrich Nietzsche)

Friedrich Nietzsche (1844-1900) ist sicher der am häufigsten missverstandene Philosoph. Am bekanntesten ist wohl sein Zitat »Du gehst zu Frauen? Vergiss die Peitsche nicht!« Von seiner Philosophie ist vor allem sein Konzept des »Übermenschen« geläufig, und über sein Leben weiß man vor allem, dass er verrückt wurde. Weniger bekannt ist dagegen, dass er äußerst schüchtern gegenüber Frauen war, dass er auch als Musiker und Komponist tätig war, den Antisemitismus zutiefst verachtete und dass er ein sehr origineller Denker war, der viele große Geister des 20. Jahrhunderts – u.a. Sigmund Freud, Jean-Paul Sartre, Rainer Maria Rilke, Robert Musil, Stefan Zweig, Thomas Mann, Hermann Hesse, Jacques Derrida – stark beeinflusste.

Wenn der Großvater und der Vater Pfarrer sind, was soll dann wohl der Sohn werden? Nun, als am 15. Oktober 1844 der Familie Nietzsche ihr erstes

Kind, ein Sohn, geboren wurde, hofften die Eltern wohl, dass sich die Familientradition fortsetzen möge, zumal auch die Mutter aus einer Pfarrersfamilie stammte. Das Kind wurde vom Vater auf den Namen Friedrich Wilhelm getauft – denn der Geburtstag fiel mit dem Geburtstag des Königs Friedrich Wilhelm IV. von Preußen zusammen, der ein Wohltäter des Vaters gewesen war.

Dem ersten Kind folgten noch zwei weitere, Elisabeth, die einmal das Bild des Philosophen Nietzsche durch ihre unsinnigen Fälschungen seines Werkes prägen sollte, und Joseph, der nur zwei Jahre alt wurde.

Als Friedrich Nietzsche fünf Jahre alt war, starb sein Vater, und die Restfamilie zog zur Großmutter nach Naumburg, in deren Haus noch zwei Schwestern seiner Mutter wohnten. Als dann sein kleiner Bruder Joseph einer Krankheit erlag, war Friedrich der einzige Mann unter fünf Frauen.

Der kleine Fritz war ein aufgewecktes Kind und in der Schule in fast allen Fächern – mit Ausnahme von Mathematik und Rechtschreibung – der Erste. Und er war zu dieser Zeit noch tief religiös. Zeugen berichten, dass er »Bibelsprüche und geistliche Lieder mit einem solchen Ausdruck hersagen konnte, dass man weinen musste«. Kein Wunder, dass er den Spitznamen »der kleine Pastor« bekommt. Dass aus dem Knaben etwas Besonderes werden würde, konnte man schon früh ahnen. Bereits im Alter von zehn Jahren schreibt er Gedichte und komponiert. Als er vierzehn wird, erhält er ein Stipendium für das berühmte Internat Schulpforta und beginnt damit, seine Autobiographie zu schreiben. Zwar ist das alles noch ein recht altkluges Geschwätz, doch die große sprachliche Fähigkeit ist nicht zu übersehen. Überhaupt: Die Sprachen, insbesondere die alten Sprachen, Griechisch und Latein, haben es ihm angetan.

So ist es nur natürlich, dass er, als er 1864 sein Studium in Bonn beginnt, neben der Theologie die klassische Philologie wählt. Doch die Theologie hat er wohl nur gewählt, um seine Mutter zu beruhigen; mit der Religion kann er bereits zu dieser Zeit nichts mehr anfangen. Bald weigert er sich, überhaupt noch in die Kirche zu gehen. Im Jahr darauf erhält sein Philologie-Professor, der berühmte F. W. Ritschl, einen Ruf nach Leipzig, und Nietzsche folgt ihm sogleich.

Leipzig wird eine wichtige Zeit für ihn, im Guten wie im Schlechten. Angeblich holt er sich dort die Syphilis, die die Ursache seiner späteren Leiden und letztlich seines Wahnsinns sein soll. Aber in geistiger Hinsicht tut sich auch einiges: Seine Lehrer halten ihn schon bald für ein Genie, und er gewinnt schnell den Ruf eines hervorragenden jungen Philologen. Ihm selbst dagegen kommen die ersten Zweifel an der

Philologie, die er schon bald als »Missgeburt der Göttin Philosophie mit einem Idioten oder Kretin« bezeichnet. Und er lernt zwei Männer kennen, die sein Leben entscheidend beeinflussen. Den ersten lernt er zwar nicht persönlich kennen, dafür aber sein Werk: In einem Antiquariat stößt er auf Schopenhauers *Die Welt als Wille und Vorstellung*. Er ist begeistert. »… hier sah ich Krankheit und Heilung, Verbannung und Zufluchtsort, Hölle und Himmel …« Schopenhauer beeindruckt ihn tief. Sein Begriff des »Willens« wird Nietzsches Denken bestimmen. Und auch, dass Schopenhauer die Musik als höchste Ausdrucksform der Kunst bezeichnet, spricht Nietzsche, der ganz ähnlich denkt, an. Denn Nietzsche ist völlig hingerissen von Wagner, dem zweiten Menschen, der großen Einfluss auf sein Leben nimmt. 1868 lernt er sein Idol in Leipzig persönlich kennen, und es entwickelt sich zwischen den beiden ungleichen Menschen eine Freundschaft. Die Vorstellungen der beiden stimmen überein: Beide lieben die Musik und Schopenhauer. Nicht zuletzt aber ist Wagner wohl auch die Vaterfigur, die Nietzsche solange vermissen musste – ja, Wagner ist tatsächlich sogar derselbe Jahrgang wie Nietzsches Vater!

Im Jahr davor musste Nietzsche zum Militärdienst. Eigentlich für ein ganzes Jahr, doch es kommt anders. Bei einem Reitunfall verletzt sich Nietzsche schwer, doch er beißt die Zähne zusammen und reitet weiter, bis er wieder in der Kaserne ist. Dort bricht er zusammen, fällt vom Pferd und muss für einen Monat ins Spital. Aufgrund seines »Heldenmutes« wird er zum Obergefreiten befördert und vorzeitig entlassen.

1869 steht er kurz vor seiner Promotion. Doch noch bevor er seinen Doktor machen kann, wird er schon – auf Fürsprache seines Professors hin – als Professor für klassische Philologie an die Universität Basel berufen. Im Alter von 24 Jahren ist Nietzsche also – obwohl noch nicht einmal mit dem Studium fertig – selbst außerordentlicher Professor.

Das ist auch deswegen besonders bemerkenswert, da er sich zu dieser Zeit eigentlich schon fast von der Philologie verabschiedet hatte, wie ein Brief an seinen Freund Erwin Rhode zeigt: » … noch vorige Woche wollte ich dir einmal schreiben und vorschlagen, gemeinsam Chemie zu studieren und die Philologie dorthin zu werfen, wohin sie gehört, zum Urväter-Hausrat …« Nun ja, aber so weit, dass er eine Professur ablehnen würde, so weit geht er dann doch nicht.

Und es lässt sich auch alles ganz gut an in Basel. Von seinen Kollegen wird er hoch geachtet, und seine Studenten gehen gern in seine Vorlesungen. Ein Jahr später wird er schon Ordinarius, also vollwertiger Professor.

Wie es der Zufall so will, lebt Wagner ebenfalls in

der Schweiz – er wurde aus Deutschland wegen seiner linksradikalen Ansichten verbannt. In Tribschen bei Luzern, am Vierwaldstätter See, hält Wagner Hof. Er wohnt dort zusammen mit Cosima von Bülow, der Noch-Ehefrau eines Freundes und Tochter von Franz Liszt, in wilder Ehe und hat sich seine ganz eigene Welt errichtet: Überall wabert Weihrauch, er trägt wunderliche, selbst entworfene Kleidung, überall im Haus stehen Büsten von Wagner und an den Wänden prangen Ölgemälde, die ebenfalls das Genie abbilden, im Garten laufen parfümierte Lämmer mit Schleifchen – kurzum, es ist ein rechtes Panoptikum. Nietzsche besucht Wagner immer häufiger, und die gegenseitige Freundschaft vertieft sich.

1870 bricht der Deutsch-Französische Krieg aus. Nietzsche aber darf nicht teilnehmen, denn er ist ja durch seine Professur inzwischen Schweizer Bürger. Doch er meldet sich freiwillig als Krankenpfleger. Wie aber schon bei seinem ersten Auftreten im Militär, dauert die Angelegenheit für ihn auch diesmal nicht sehr lange. Er erkrankt gleichzeitig an Ruhr und Diphtherie – damit ist der Krieg für ihn beendet. Doch zwei Monate später hält er bereits wieder Vorlesungen.

Neben seinen Vorlesungen schreibt er an einem Buch: *Die Geburt der Tragödie aus dem Geiste der Musik*. In diesem Buch erscheint bereits seine Philosophie, während er sich von den traditionellen alt-philologischen Vorstellungen ganz abwendet. Kurz zusammengefasst geht es darum, dass die Tragödie im alten Griechenland aus zwei gegensätzlichen Prinzipien entstand. Das eine ist das »apollinische Prinzip«, das die schöne, aber irreale Welt des Scheins bestimmt, das andere das »dionysische Prinzip«, der schöpferische Prozess, die Urkräfte. Der Niedergang der Tragödie kam durch den »sokratischen Geist«, die Rationalität und Aufklärung. Nun ja. Nietzsche selbst bezeichnet dieses Buch später als »unmöglich« und »schlecht geschrieben«. Aber damals dachte er natürlich noch anders. Das Buch erscheint – und wird eine Katastrophe für Nietzsche. Zwar lobt ihn sein Freund Wagner: »Schöneres als Ihr Buch habe ich noch nichts gelesen!« Ob das nun ein bezeichnendes Bild auf Wagners sonstige Lektüre wirft – wer weiß. Jedenfalls stößt das Buch ansonsten nur auf Ablehnung. Sogar sein früherer Lehrer Ritschl schreibt in sein Tagebuch: »Buch von Nietzsche Geburt der Tragödie = geistreiche Schwiemelei«.

Das Ende vom Lied ist, dass Nietzsche seinen Ruf als ernst zu nehmender Wissenschaftler endgültig verscherzt hat. Im folgenden Semester hat er kaum noch Studenten. Und das Jahr 1872 bringt noch eine große Veränderung: Wagner zieht nach Bayreuth, um den Grundstein zu seinem Festspielhaus zu legen.

Vier Jahre später ist es so weit: Das Bayreuther Festspielhaus wird eingeweiht. Nietzsche ist bei den ersten Festspielen anwesend, doch die Freundschaft mit Wagner geht in die Brüche. Schon vorher hatte Nietzsche seinen egomanischen Freund damit provoziert, indem er Brahms, den Wagner verabscheute, in einem Brief in höchsten Tönen gelobt hatte. Insbesondere an den christlichen Motiven des Parsifals entzündet sich der Streit. Wagner, der einst Schopenhauer verehrte und wegen seiner linksradikalen Ansichten Deutschland verlassen musste, hat eine komplette Kehrtwendung vollzogen. Seine Ansichten neigen nun eher der extremen Rechten zu und er findet zum Christentum zurück. Nietzsche ist tief enttäuscht. Wagner und Nietzsche sind in diesem Jahr das letzte Mal zusammen.

Gleichzeitig verschlechtert sich Nietzsches Gesundheitszustand bedenklich. Er reist noch während der Festspiele ab, um sich in der Einsamkeit des Bayrischen Waldes zu erholen. Dort beginnt er auch mit seinem nächsten Buch, *Menschliches, Allzumenschliches – ein Buch für freie Geister*. Dieses Buch kann als der Beginn seines reifen Werkes angesehen werden; hier tauchen viele der Themen auf, die er in seinen späteren Büchern ausarbeiten wird. Er stellt darin fest, dass das »Ding an sich« – also etwas, was unabhängig von einem wahrnehmenden Bewusstsein existieren soll – nur »eines homerischen Gelächters wert« sei. Gut und Böse »an sich« existieren laut Nietzsche nicht. Vor allem das Gute des Christentums: Er attackiert die »Sklavenmoral« des Christentums aufs Schärfste. Das Buch erscheint 1878 und bleibt, wie alle seine Werke, zu seinen Lebzeiten praktisch unbeachtet.

1879 ist Nietzsches Gesundheitszustand so schlecht, dass er seine Professur in Basel aufgeben muss. Ständig plagen ihn heftigste Kopfschmerzen, und sein Augenlicht wird immer schwächer. Was war es nur, was Nietzsche plagte? Die Experten sind sich nicht einig. Im Allgemeinen wird angenommen, dass Nietzsche unter Syphilis litt, was sich vor allem auf seinen späteren Wahnsinn stützt, der als Symptom des letzten Stadiums der Syphilis auftreten kann. Doch von den frühen Stadien, die z.B. durch charakteristische Hautausschläge gekennzeichnet sind, ist bei Nietzsche nichts bekannt. Und noch ein weiterer gravierenderer Punkt spricht dagegen: Die Kopfschmerzen und Augenprobleme plagten Nietzsche nicht etwa erst in seinen letzten Jahren, sondern er wurde bereits in seiner Kindheit deswegen öfters von der Schule befreit. Einer der berühmtesten Syphilitiker war vielleicht gar keiner. Was aber dann? Man weiß es nicht; vielleicht ein Tumor, vielleicht Drogen, vielleicht ein ererbtes Leiden?

Die nun folgenden zehn Jahre lebt Nietzsche als freier Philosoph. Er zieht in der Weltgeschichte umher – u.a. in Venedig, Genua, Rapallo und Nizza, Sils Maria – ständig auf der Suche nach einem Klima, das seine Leiden lindert. Trotz seiner zunehmenden Beschwerden schreibt er jedoch unablässig.

1881 erscheint *Morgenröte*, dessen Grundton ähnlich wie *Menschliches, Allzumenschliches* ist. 1882 *Die fröhliche Wissenschaft*. Hier taucht zum ersten Mal das berühmte »Gott ist tot« auf, und am Schluss des Buches wird die Figur des Zarathustra eingeführt. Dieses Buch ist tatsächlich eine Art Vorspiel zu seinem wohl berühmtesten Werk, *Also sprach Zarathustra*, dessen erste drei Bände im folgenden Jahr geschrieben werden.

Bevor wir aber auf dieses Buch kommen, ist noch etwas Wichtiges aus Nietzsches Privatleben zu berichten. Er lernt nämlich die 21-jährige Russin Lou Salomé kennen, eine äußerst intelligente und interessante Frau. Und er verliebt sich in sie. Leider auch sein Freund Paul Reé. Und gerade diesen bittet er, Lou einen Heiratsantrag zu überbringen. Kein Wunder, dass die Sache schief geht. Aber auch, wenn er seine enorme Schüchternheit überwunden hätte, wäre aus der Geschichte wohl nichts geworden. Lou mag die beiden Freunde, aber sie mag keinen der beiden heiraten. Schließlich nimmt die Affäre ein übles Ende. Vor allem die Intrigen seiner eifersüchtigen Schwester zerstören schließlich nicht nur die Freundschaft mit Lou Salomé, sondern auch die mit seinem Freund Reé.

Anstatt aber in tiefste Depressionen zu stürzen, stürzt sich Nietzsche in die Arbeit. In nur zehn Tagen entsteht der erste Band des *Zarathustra*. Die folgenden drei Bände entstehen in ähnlich kurzer Zeit.

Beim *Zarathustra* scheiden sich die Geister. Manche verehren das Buch als eine Offenbarung. Anderen – nebenbei bemerkt auch uns – erscheint das Werk von einer fast unerträglichen Aufgeblasenheit, Schwülstigkeit und Humorlosigkeit geprägt. Ein kleines Beispiel: »Von allem Geschriebenen liebe ich nur das, was einer mit seinem Blute schreibt. Schreibe mit Blut: und du wirst erfahren, dass Blut Geist ist … Ich will Kobolde um mich haben, denn ich bin mutig … Ihr seht nach oben, wenn ihr Erhebung verlangt. Und ich sehe hinab, weil ich erhoben bin« usw.

Immerhin aber muss man sagen, dass der *Zarathustra* seine Leser dazu anregt, über das Gewohnte, das »Normale«, nachzudenken – es ist also durchaus ein Buch, das zum Philosophieren anregt.

Nietzsches Philosophie im *Zarathustra* baut vor allem auf zwei Grundideen auf: der »ewigen Wiederkehr« und dem »Übermenschen«. Schon der Anfang des Buches spricht ganz deutliche Worte: »Ich lehre euch den Übermenschen. Der Mensch ist etwas, das überwunden werden soll.« Das eigentliche Ziel des Lebens ist der »Wille zur Macht«. Der Weg zum Übermenschen hat drei Stufen, das »Kamel«, der »Löwe« und das »Kind« – am Anfang steht der überlieferte Glaube, man gehorcht, lernt und erträgt; dann zerbricht der naive Glaube, und es entwickelt sich der »Nihilismus«, durch den sich der Geist befreit und erkennt: Gott ist tot, es gibt keine absolute Wahrheit, Moral oder Religion. Dann schließlich, mit der Überwindung des Nihilismus, entsteht der von allen moralischen Zwängen befreite und selbstbestimmte »Übermensch«.

Nietzsche selbst bezeichnet seinen *Zarathustra* als das »5. Evangelium«, und er ist bitter enttäuscht, als auch dieses Werk kaum Resonanz findet – sicherlich weniger Resonanz als die anderen vier Evangelien ... Wegen der Begriffe »Herrenmoral« und »Übermensch« wurden Nietzsches Gedanken vom Nationalsozialismus missbraucht und politisch interpretiert – dabei waren Nietzsche der deutsche Nationalismus, der Antisemitismus und Biologismus äußerst zuwider. »Zum Enthusiasmus für ›deutsches Wesen‹ habe ich's freilich noch wenig gebracht«, schreibt er, »noch weniger aber zum Wunsche, diese ›herrliche‹ Rasse gar rein zu erhalten. Im Gegenteil ...«

Umso tragischer ist es, dass seine Schwester 1885 Dr. Förster, einen gescheiterten Oberlehrer und üblen Antisemiten, heiratet und sich seinen Ansichten anschließt. Gerade sie übernahm später die Herausgabe seines letzten Werkes, wobei sie durch ihre idiotischen Einfügungen und Fälschungen erheblich zu dem verzerrten Nietzsche-Bild des Nationalsozialismus beitrug.

Nach *Zarathustra* geht es mit Nietzsche immer mehr bergab. Zwar schreibt er noch ein paar gute Bücher, wie *Jenseits von Gut und Böse* oder *Zur Genealogie der Moral*, doch langsam beginnt sich der kommende Größenwahn abzuzeichnen. Ganz deutlich wird das in einer seiner letzten Schriften, *Ecce Homo*, in dem Überschriften wie »Warum ich so weise bin«, »Warum ich so gute Bücher schreibe«, »Warum ich ein Schicksal bin« usw. zu finden sind. 1889 schließlich kommt der endgültige Zusammenbruch. In Turin fällt er einem misshandelten Kutschergaul um den Hals und bricht in Tränen aus. Er unterschreibt Briefe an seine Freunde mit »Ariadne« oder »Der Gekreuzigte«. Nach kurzer Zeit in einer Heilanstalt übernehmen seine Mutter und später seine Schwester die Pflege. Bis zu seinem Tod bleibt er in geistiger Umnachtung. Er wird langsam berühmt, aber er selbst weiß nichts mehr davon. Nietzsche stirbt am 25. August 1900 in Weimar.

Nietzsche war nicht nur ein Philosoph, er war auch ein Ästhet – das ist jemand, der sich mit dem Schönen und der Wahrnehmung des Schönen auseinander setzt. Nietzsche meinte, dass durch Kunst jede Erfahrung in Schönheit umgewandelt werden könnte – und dies sei eben der höchste Zweck der Kunst.

Nun streiten sich aber die Menschen immer wieder, was denn nun Kunst sei. »Kunst kommt von Können« ist ein ebenso beliebter, wie oberflächlicher Spruch. Natürlich stimmt das sprachgeschichtlich gesehen schon irgendwie – aber was kann uns das über Kunst oder gar Schönheit sagen? Nichts.

Können Sie genau sagen, was für Sie Kunst ist, oder warum Sie etwas schön finden? Oder müssen wir überhaupt nicht darüber sprechen, weil Schönheit oder Kunst ja ohnehin »Geschmackssache« sind? Wie Schokolade oder Salz schmecken, können wir uns ja vielleicht noch vorstellen. Aber was ist denn dann »Kunstgeschmack«? Wollen wir doch einmal versuchen, der Sache auf den Grund zu kommen.

Über Geschmack lässt sich streiten

> *»Schön ist eigentlich alles,*
> *was man mit Liebe betrachtet.«*
> (Christian Morgenstern)

Über Geschmack, so heißt es, lässt sich nicht streiten. Glauben Sie diesem Sprichwort ja nicht! Über Geschmack lässt sich nicht nur köstlich streiten, sondern auch philosophieren.

Nietzsche beispielsweise war ein ausgesprochener Kunstliebhaber. Er meinte nicht nur, dass »ohne Musik … das Leben ein Irrtum« sei, sondern auch, dass der Künstler den Schrecken der Welt durch seine Schöpferkraft trotzen könne. Durch die Kunst, meinte Nietzsche, kann jede Erfahrung in Schönheit verwandelt werden.

Andere sahen das natürlich anders. Aber es fällt auf, dass die meisten Philosophen auch die Künste liebten.

Die philosophische Richtung, die sich mit der Kunst befasst, ist die *Ästhetik* (von gr. *aistánesthai*, wahrnehmen).

Eine der Grundfragen der Ästhetik ist, ob es etwas objektiv Schönes gibt und was dessen Kriterien sind, oder ob es immer vom Betrachter, Zuhörer, Leser abhängt, ob etwas schön ist.

Die Frage nach dem Wesen des Schönen ist, wie die meisten philosophischen Fragen, ziemlich alt. Umso erstaunlicher ist es, dass es den Begriff »Ästhetik« erst seit 1753 gibt, wo er von dem Philosophen Alexander Gottlieb Baumgarten eingeführt wurde. Doch schon Platon stellte eine umfangreiche ästhetische Theorie auf.

Indes hatte jeder Philosoph seine eigenen Vorstellungen darüber, was das Schöne sei und zu was es denn nutzen könne.

Bis ins 19. Jahrhundert hinein war die Ästhetik meist eng mit moralischen Begriffen verbunden. Was gut war, war schön. Und die Kunst diente dazu, den Menschen zu vervollkommnen und ihn möglicherweise Gott näher zu bringen.

Auch Hegel meinte, dass die Kunst eine der Grundlagen für die geistige Entwicklung des Menschen sei. Er unterschied dabei streng zwischen Natur- und Kunstschönheit – und behauptete, dass das vom Menschen geschaffene Kunstwerk höher stehe als das Naturschöne.

Im 20. Jahrhundert definierte Henri Bergson die Ästhetik neu. Er stellte sie vor allem der Naturwissenschaft gegenüber. Sowohl die Ästhetik als auch die Naturwissenschaft sind Erkenntnismodelle – aber die Ästhetik ist in mancherlei Hinsicht der Naturwissenschaft überlegen. Mit Hilfe des Kunstwerks kann die Realität intuitiv direkter und tiefer erfasst werden als durch die Begrifflichkeit wissenschaftlicher Betrachtungsweise. Auch Nietzsche hatte schon etwas Ähnliches gesagt.

Dann wiederum traten marxistisch und psychoanalytisch orientierte Philosophen auf, die einen praktischen Zweck ästhetischer Betrachtung forderten – die einen wollten die sozialen und ökonomischen Gegebenheiten entlarvend dargestellt wissen, die anderen forderten eine therapeutische Wirkung. Beide Richtungen lehnten jedenfalls das Prinzip »L'art pour l'art« der modernen Kunst ab.

Der Semantiker I. A. Richards brachte etwas frischen Wind in die Ästhetik, indem er zwischen einem symbolisch-informativen und einem emotiven, also gefühlsmäßigen Zeichensystem differenzierte. Die Kunst ist nach Richards eine emotive Sprache, mit der Erfahrungen und Ansichten geordnet und geklärt werden, ohne dabei Symbole – wie die Sprache – zu verwenden.

Aber lassen Sie uns doch einmal ganz von vorne anfangen und über ein paar wichtige Fragen der Ästhetik nachdenken. Was ist schön? Liegt das Schöne im Gegenstand oder im Betrachter? Gibt es etwas »an sich« Schönes? Was ist Kunst und was ist ein Kunstwerk? Kommt Kunst von Können?

Zunächst einmal gibt es zwei Positionen: Entweder etwas ist objektiv schön, oder es hängt einfach vom »Geschmack« ab, ob etwas schön empfunden wird oder nicht. Für und gegen beide Ansichten lässt sich etwas anführen.

Nehmen wir einmal an, etwas sei »objektiv«, an und für sich, schön. Demnach müsste es Dinge geben, die jeder als schön empfindet – vielleicht mit der Ausnahme von Menschen, deren »ästhetischer Sinn« krank ist. Gibt es solche Dinge, die jeder als schön empfindet?

Vielleicht könnte man das von einer Rose sagen. Oder von einer Landschaft. Doch es ließe sich ja dann nur feststellen, ob etwas schön ist, wenn man viele tausend Menschen aus den unterschiedlichsten Ländern und Gruppen befragte. Aber auch wenn man diesen Weg zur Bestimmung von Schönheit wählen würde: Welcher Prozentsatz müsste denn zustimmen, damit etwas schön ist – eine einfache Mehrheit, die absolute Mehrheit, Zweidrittelmehrheit, 90 Prozent, 99 Prozent? Diese Methode ist offensichtlich nicht befriedigend. Es scheint sehr schwer zu sein, Dinge zu finden, die auch nur von der Hälfte aller Menschen aller Kulturen als schön empfunden werden.

Nun könnte es aber auch so sein, dass ein Ding

schön ist oder nicht, aber die Fähigkeit, diese Eigenschaft festzustellen, beim Betrachter (oder Zuhörer usw.) unterschiedlich entwickelt sein kann. Beispielsweise würde sich niemand wundern, wenn ein Blinder eine Rose, ein Tauber eine Mendelssohn-Symphonie nicht schön findet – andererseits empfindet er die Rose bzw. die Symphonie auch nicht als unschön.

In mancherlei Hinsicht scheint es aber dennoch zuzutreffen, dass das Empfinden von Schönheit in einer Sache davon abhängt, wie weit eine Fähigkeit entwickelt ist. Ein Musiker wird andere Musik als schön empfinden als ein Mensch, der sich mit Musik kaum befasst. Während den Musiker eine Fuge von Bach in Ekstase versetzt, löst sie beim Nichtmusiker möglicherweise das Gefühl bohrender Langeweile aus und er lauscht lieber den Klängen einer volkstümlichen Kapelle. Noch deutlicher wird das bei den Werken zeitgenössischer Künstler. Zu moderner Kunst haben oft nur Menschen Zugang, die sich lange damit befasst haben.

Offenbar hat also Wissen etwas damit zu tun, was wir als schön empfinden. Je differenzierter wir wahrnehmen, desto komplexere Dinge werden wir als schön empfinden. So gesehen liegt also die Schönheit sowohl in dem Wahrgenommenen als auch im Wahrnehmenden. Das würde bedeuten:

- Es gibt nichts an sich Schönes.
- Man kann lernen, etwas als schön zu empfinden.
- Schönheit ist ein bestimmter, von Person zu Person unterschiedlicher Komplexitätsgrad eines Kunstwerkes.
- Es gibt nichts komplexes Unschönes. Während ein gleich bleibender hoher Pfeifton durchaus von jedem als unschön empfunden wird, lässt es sich bei einem »chaotischen Krach« nicht sagen, ob ihn nicht jemand – der über eine ausreichend geschulte Wahrnehmung verfügt – nicht doch als unglaublich schön wahrnimmt.

So weit klingt das theoretisch schon ganz gut. Und es sollte jenen zu denken geben, die von sich annehmen, ihr Geschmack sei so gebildet und verfeinert, dass sie das Schöne vom Unschönen eindeutig scheiden könnten. Möglicherweise ist ihr Geschmack nur noch nicht so gebildet und verfeinert, dass sie den als unästhetisch beurteilten Gegenstand durchdringen können …

Doch es gibt zwei Dinge, die nicht so ganz zu der Theorie passen. Das ist einmal die Tatsache, dass eine Person zwei gleichermaßen komplexe Gegenstände völlig unterschiedlich beurteilen kann. Jemand kann eine Fuge von Bach mögen, eine andere jedoch nicht. Der Komplexitätsgrad allein ist es also nicht, der die Schönheit ausmacht. Es muss noch etwas anderes hinzukommen – und wir befürchten fast, dass dieses andere noch näher am Wesen des Schönen liegt. Zum Zweiten ist es auch so, dass es zwischen ganz unterschiedlichen Kulturen und zwischen ganz unterschiedlich gebildeten Menschen mitunter auch erstaunliche Übereinstimmungen darüber gibt, was schön ist.

Ein gewisser Teil der Wahrnehmung von Schönheit scheint sozusagen in unser Gehirn »eingebaut« zu sein. Unser Wahrnehmungsapparat bevorzugt offenbar bestimmte Harmonien und Proportionen. Es sind dies die »Bauregeln« der Natur. Bei der Wahrnehmung von Gesichtern und Körpern werden beispielsweise unabhängig von der Kultur und Erziehung ganz klar definierte Proportionen durchwegs als schön empfunden. Biologisch gesehen leuchtet das natürlich ein: Es sind dies solche Proportionen, die Gesundheit und »Normalität« und damit potenziell gesunde und »normale« Nachkommen signalisieren. Interessanterweise finden sich diese Proportionen auch in anderen Bereichen der Natur; sowohl bei Pflanzen als auch bei Tieren. Schon in der Antike kannte man den so genannten »goldenen Schnitt«, eine geometrische Proportion, die durchwegs als harmonisch und stimmig empfunden wird. Die Regel für den goldenen Schnitt lautet: Das Verhältnis der längeren Teilstrecke zur Gesamt-

strecke ist gleich dem Verhältnis der kürzeren Teilstrecke zur längeren Teilstrecke.
Mathematisch gesprochen AC/AB = CB/AC. (Dieses Verhältnis hat übrigens stets den Wert 0,618.)

In der Kunst spielte der goldene Schnitt immer eine
wichtige Rolle.

Nun, aber selbst wenn ein Teil dessen, was wir
Schönheit nennen, biologisch bedingt ist – sicherlich ist es nicht der wichtigste Teil.
Der bereits erwähnte I. A. Richards beschrieb schon
1929 psychologische Experimente, die deutlich
zeigten, dass – ganz unabhängig vom Bildungsgrad
– das ästhetischen Empfinden durch Erziehung,
traditionelle Meinungen und andere Konventionen
beeinflusst wird. Er zeigte auch, wie sehr Tradition
und Mode das ästhetische Geschmacksempfinden
bestimmten – und wie gewaltig es sich verändern
kann: Noch vor 300 Jahren wurden beispielsweise
die Stücke William Shakespeares als »barbarisch«
und die gotische Kunst als »vulgär« angesehen;
heute würden die Urteile wohl doch ganz anders
ausfallen.
Nun haben wir also schon drei Aspekte: Ein gewisser Teil dessen, was wir als schön empfinden, ist

biologisch begründet. Ein weiterer Teil hängt davon ab, ob die Komplexität des Wahrgenommenen dem Wahrnehmenden angemessen ist. Und schließlich der dritte Teil, die Erziehung, Tradition, Meinungen, Mode, Konventionen usw. – kurz, das, was wir mit dem Wahrgenommenen assoziieren.

Dieser dritte Aspekt ist vielleicht der wichtigste. Wenn wir ein Kunstwerk, ein Musikstück, ein literarisches Werk mit angenehmen Erinnerungen verbinden, werden wir es als schön empfinden. »Angenehme Erinnerung« ist dabei natürlich im weitesten Sinne zu verstehen. So wird vielleicht auch ein musikalisch wenig gebildeter Mensch Werke der neuen Musik als schön empfinden, weil er damit Neuerung, Außergewöhnlichkeit, positives Anderssein und die Zugehörigkeit zu einer bestimmten sozialen Gruppe assoziiert.

Nun, damit lässt sich doch schon so Einiges verstehen und erklären. Eine schöne Theorie … oder?

Sir Karl Raimund Popper

*»Ich soll Ihnen hier die wissenschaftliche
Methode beibringen.
Das Problem ist nur, dass
es keine wissenschaftliche Methode gibt.«*
(Sir Karl Popper in einer Vorlesung in Cambridge)

Sir Karl Popper – dieser Name sagt den meisten
Menschen, auch »gebildeten«, oft nichts. Das ist
schon erstaunlich, wenn man bedenkt, dass er immerhin der »größte Wissenschaftstheoretiker, der je
gelebt hat« ist, wie ein Nobelpreisträger einmal an-
merkte; tatsächlich haben sich sogar mehrere
Nobelpreisträger ähnlich geäußert. Wenn Sie nun
vielleicht meinen, dass es sich eben um einen welt-
frem- den Philosophen oder um einen Spezialisten
handelt, der nur für andere Spezialisten von Bedeutung ist – so ist es keineswegs.
Popper ist wahrscheinlich der einflussreichste Philosoph des 20. Jahrhunderts; und im Gegensatz zu
den meisten anderen Philosophen ist Poppers Gedankengebäude nicht nur revolutionär, sondern
hat durchaus praktische und bedeutsame Auswirkungen – vor allem auf die Vorstellung von dem,

was Wissenschaft ist, aber auch auf viele andere Gebiete.

Karl Raimund Popper wurde am 28. 7. 1902 in einer der damals lebhaftesten Städte Europas, in Wien, geboren. Seine Eltern waren Protestanten, und Karl wurde protestantisch erzogen. Doch die Eltern waren erst als Erwachsene zum Christentum übergetreten und getauft worden. Das wäre nun nicht weiter erwähnenswert, wären sie nicht vorher Juden gewesen und wäre nicht ein wahnsinniger Landschaftsmaler aus Braunau wenige Jahre später Diktator geworden. Aber davon ahnte zu Beginn des Jahrhunderts natürlich noch niemand etwas.

Karl Popper war schon in seiner Jugend vielseitig interessiert und engagierte sich auch politisch. Im Alter von 14 Jahren wurde er begeisterter Marxist, eine Phase, die drei Jahre anhielt, dann wandte er sich vom Marxismus ab und wurde engagierter Sozialdemokrat.

Mittlerweile war ja bereits der Erste Weltkrieg über Europa gerast und hatte Verwüstung und Tod mit sich gebracht. In Russland war der Zar abgesetzt und die erste kommunistische Republik ausgerufen worden. (Was die Menschen ja bekanntermaßen auch nicht wesentlich glücklicher gemacht hat …) Der Krieg war nun jedoch vorbei, und die Zeit, insbesondere aber auch gerade die Stadt Wien, bot außerordentlich viele Anregungen für die künstlerisch, wissenschaftlich, philosophisch oder politisch Interessierten – und Karl Popper war an allem interessiert.

Er begann Naturwissenschaften und Philosophie zu studieren, daneben engagierte er sich weiter politisch in der sozialdemokratischen Partei und arbeitete mit dem Psychoanalytiker Alfred Adler an dessen Beratungsstelle für sozial benachteiligte Kinder. Als wäre das noch nicht genug, war er auch noch in Arnold Schönbergs (des Erfinders der Zwölftonmusik) Musikverein aktiv.

Aus seiner Arbeit mit Alfred Adler ist folgende Anekdote überliefert, die bereits Poppers kritische Denkweise andeutet. 1919 berichtete er Adler von einem Fall in der Beratungsstelle. Adler analysierte das Kind sofort als einen typischen Fall von einem Minderwertigkeitskomplex, obwohl er das Kind nie gesehen hatte. Popper wunderte sich und fragte: »Wieso können Sie so sicher sein?« Adler antwortete selbstbewusst: »Aufgrund meiner tausendfachen Erfahrung!« Da entfuhr es Popper unwillkürlich: »Und mit diesem Fall haben Sie nun tausendundeine Erfahrung!«

Hier zeigte sich beim gerade einmal 17-jährigen Popper der analytische Verstand, der die Selbstbestätigung abgeschlossener Denksysteme (in denen

Auslegungen einer Theorie als Beleg für deren Richtigkeit angesehen werden) wie der Psychoanalyse entlarvte.

Nach dem Studium arbeitete Popper zunächst als Hauptschullehrer für Mathematik und Physik, was jedoch seinen vielseitigen Engagements keinen Abbruch tat. Durch den Kontakt mit dem so genannten »Wiener Kreis«, einem äußerst einflussreichen philosophischen Zirkel, der den logischen Positivismus vertrat (wonach wissenschaftliche Erkenntnis durch Beobachtung und Verifizierung, also Bestätigung durch weitere Beobachtungen und Experimente zustande kommt und alle metaphysischen Vorstellungen als sinnlos abgelehnt werden), kam Popper zum philosophischen Gebiet der Wissenschaftstheorie. Von Anfang an stand er in Opposition zu der (damals vorherrschenden) Ansicht des Wiener Kreises.

Seine Argumente legte er in seinem ersten Buch *Die beiden Grundprobleme der Erkenntnistheorie* dar. Dieses Buch entstand zwischen 1930 und 1933 – doch es erschien erst 1979, 46 (!) Jahre später. Seinem zweiten (und möglicherweise wichtigsten) Werk *Die Logik der Forschung* erging es schon etwas besser, es erschien bereits 1934, wenn auch um die Hälfte gekürzt. Seine Wirkung sollte es aber erst 25 Jahre später, in seiner englischen Übersetzung, entfalten.

Die grundlegende Idee, die die bisherigen Vorstellungen über den wissenschaftlichen Erkenntnisprozess revolutionieren sollte, kam ihm bei der Beschäftigung mit Albert Einsteins Relativitätstheorie. Die traditionelle Vorstellung von Wissenschaft, wissenschaftlichen Gesetzmäßigkeiten und wissenschaftlichem Fortschritt sieht etwa so aus: Menschen machen Beobachtungen über das, was in der Welt geschieht. Dabei treten Regelmäßigkeiten auf, die dann als Gesetzmäßigkeiten gedeutet werden. Daraus, dass es in der Vergangenheit so war, wird gefolgert (»induziert«), dass es auch in Zukunft so sein müsse – und hier liegt nun bereits das erste logische Problem (das bereits einige hundert Jahre zuvor der schottische Philosoph Hume erkannt hatte). Daraus, dass etwas in der Vergangenheit immer so war, folgt nämlich keineswegs, dass es auch in der Zukunft so sein müsste. Nun, das war den meisten Wissenschaftlern durchaus klar, aber es schien keine große praktische Bedeutung zu haben. Zwar war ein durch Induktion gewonnenes Naturgesetz logisch nicht ganz wasserdicht, aber immerhin würde es doch durch jede bestätigende (»verifizierende«) Beobachtung wahrscheinlicher.

Doch genau da liegt der Hund begraben. Durch eine *Bestätigung* einer Theorie wird absolut nichts logisch wahrscheinlicher (nur psychologisch). Dieser Punkt ist meist schwer zu erklären; am besten erläutert es wohl ein Beispiel. Nehmen wir an, Sie haben eine große Schokoladentorte vor sich stehen und beginnen, diese löffelweise zu verspeisen. Der erste Bissen ist köstlich, der zweite noch leckerer und bis zum zehnten steigt Ihr Wohlbefinden. Wahrscheinlich ist Ihnen jedoch klar, dass daraus keineswegs zu folgern ist, dass auch die folgenden zwei Pfund Torte zu gesteigertem Genuss führen werden!

Nehmen wir noch ein weiteres Beispiel: Früher glaubten die Menschen, dass sich die Sonne um die Erde drehen würde. Und Millionen von Beobachtungen »bestätigten« diese Theorie. Auch heute kann man ja Beobachtungen machen, die mit dieser Theorie vereinbar wären – die Sonne geht jeden Abend im Westen unter und erscheint am Morgen wieder im Osten. Es wurde allerdings dadurch weder wahrer noch wahrscheinlicher, dass sich die Sonne tatsächlich um die Erde dreht.

Was ist nun die Konsequenz aus diesen Gedanken? Popper machte klar, dass eine Theorie prinzipiell nicht bestätigt (»verifiziert«), sondern nur widerlegt (»falsifiziert«) werden kann. Es besteht eben eine logische Asymmetrie zwischen beidem: Nie wird man etwas durch Beobachtung endgültig beweisen können, doch eine einzige Beobachtung kann eine allgemeingültige Behauptung widerlegen. Der Satz »Alle Lebewesen brauchen Luft zum Atmen« wird sich nie beweisen lassen, da man niemals alle Lebewesen untersuchen könnte; er lässt sich jedoch widerlegen, wenn man nur eine einzige Lebensform findet, die ohne Luft auskommt (und das hat man in der Tat).

Es gibt demnach auch niemals eine absolute Wahrheit in der Wissenschaft, sondern lediglich funktionierende Theorien.

Bis hierher klingt das vielleicht noch furchtbar theoretisch und wortklauberisch – doch es hat extrem weitreichende Konsequenzen, nicht nur für die Wissenschaft.

Bevor Popper seine Ideen vorbrachte, versuchten Wissenschaftler, ihre Theorien zu bestätigen, und wenn sie Beobachtungen machten, die der Theorie widersprachen, musste die Theorie eben verbessert werden. Aber es ging vor allem darum, eine Theorie zu *beweisen*, und keiner wäre auf den Gedanken gekommen, zu versuchen, seine eigene Theorie zu widerlegen. (So geht es den meisten Menschen noch heute – und auch vielen Wissenschaftlern.)

Doch Popper stellte nun klar, dass auf diese Weise kein wissenschaftlicher Erkenntnisfortschritt erfolgen kann – und dass auch alle wissenschaftlichen Fortschritte ganz anders entstanden waren. Jeder, der an Erkenntnis interessiert ist – und das sind Wissenschaftler ja *per definitionem* – muss danach trachten, seine Theorien zu widerlegen. Erst wenn er dies versucht hat und es nicht gelungen ist, kann er behaupten, dass seine Theorie zu funktionieren scheint (nicht dass sie *wahr* ist!).

Ein Beispiel: Licht – so lautete die Theorie – pflanzt sich im Vakuum stets geradlinig fort. Und in der Tat, es wurden stets Beobachtungen gemacht, die dies bestätigten – und nach einer Bestätigung wurde ja gesucht. Die Theorie galt also als gut gesichert, und so hätte es denn auch bleiben können.

Doch dann machte Einstein mit seiner Relativitätstheorie (die übrigens *nicht* auf Beobachtungen und Induktion beruhte) die Voraussage, dass Licht in der Nähe großer Massen abgelenkt würde – eine Aussage, die in völligem Gegensatz zu allen bisherigen Beobachtungen stand. Einstein setzte sich mit dieser Voraussage ganz bewusst der Kritik und Untersuchung aus – eine einzige gegenteilige Beobachtung hätte seine Theorie umgestürzt. Schließlich wurde eine Überprüfung möglich. Bei einer Sonnenfinsternis kann man nämlich die Sterne beobachten, die nahe der Sonne (einer großen Masse) stehen. Und tatsächlich stellte man fest, dass Einsteins Voraussagen zutrafen. Seine Theorie wurde nicht dadurch glaubwürdig, dass man möglichst viele Beobachtungen machte, die auch mit der bisherigen Vorstellung übereinstimmten, sondern gerade dadurch, dass man versuchte, ihre Voraussagen zu widerlegen. Auf der anderen Seite aber brach die Theorie, dass sich Licht stets geradlinig bewegt, durch diese einzelne Beobachtung in sich zusammen.

Bei anderen berühmten Theorien, beispielsweise der Psychoanalyse, ist dagegen *prinzipiell* keine Widerlegung möglich, da sich die Theorie gegen Kritik immunisiert – wer den psychoanalytischen Aussagen misstraut, leidet eben unter dem Problem des »Widerstandes«, was wiederum die Theorie bestätigt …

Wie man sich wohl denken kann, waren diejenigen, die im popperschen Sinne unwissenschaftliche Theorien aufstellten, nicht bereit, Poppers Gedankengang nachzuvollziehen und möglicherweise ihre Theorien fallen zu lassen, und entwarfen flugs eigene Wissenschaftstheorien, die zwar Poppers Gedanken nicht widerlegen konnten, aber darauf hinausliefen, dass die eigenen Vorstellungen beibehalten werden konnten.

Poppers Erkenntnistheorie ist aber, wie schon gesagt, nicht nur im Bereich der Wissenschaften im engeren Sinne von praktischer Bedeutung. Als ein praktisches Beispiel sei die Wirtschaft genannt: Organisationen schauen darauf, was ihnen gelingt, nicht, was *nicht* gelingt, obwohl genau das zu Effizienz und Erfolg führen würde.

Auch in der Politik greift die Methode der Falsifizierbarkeit: Wohl keiner weiß wirklich, wie man die

Menschen glücklich machen kann, aber wie man ihr Unglück vermindern kann, darüber dürfte eigentlich Einigkeit bestehen.

Schließlich kommt Popper in seiner Philosophie noch zu einem weiteren Ergebnis, das viel zu wenig Beachtung findet. Er stellt sich nämlich die Frage, wie es denn überhaupt zu den Theorien kommt, die schließlich zu neuen Erkenntnissen führen. Auch hier ist seine Antwort verblüffend und revolutionär: Es gibt keine Logik der Schöpfung, weder der künstlerischen noch der wissenschaftlichen! Jeder Weg zu einer neuen Theorie ist akzeptabel, solange die Theorie falsifizierbar ist und sich einer Überprüfung stellen kann: Es ist völlig gleichgültig, wie eine Theorie entsteht, ob durch Intuition, durch theoretische Überlegungen oder durch Induktion! Je kühner eine Theorie ist, desto größer ist ihr möglicher Erkenntniswert – allerdings auch die Möglichkeit, sie zu widerlegen.

Doch kommen wir nach dieser langen Erläuterung der popperschen Wissenschaftstheorie wieder auf sein Leben zurück.
In Deutschland war mittlerweile Hitler an die Macht gekommen, und Popper sah voraus, was folgen würde – also wanderte er aus, gleich ans andere Ende der Welt, nach Neuseeland.

Dort war er acht Jahre lang, von 1937 bis 1945, Professor für Philosophie. In diesem Zusammenhang brachte er sich selbst Altgriechisch bei, um Platon im Original lesen zu können. Zwar betrachtet er Platon als einen der größten Philosophen aller Zeiten, sieht ihn jedoch auch äußerst kritisch als philosophischen Wegbereiter totalitärer Regime.

Als Hitler 1938 Österreich »heim ins Reich« holte, war das für Popper der Anlass, sein zweites großes Werk *The open society and its enemies* (Die offene Gesellschaft und ihre Feinde) zu schreiben – eine Kritik an Platon und Marx und eine vehemente Verteidigung der Demokratie. In diesem Buch legt er dar, dass jede Utopie und Heilslehre zwangsläufig zu Intoleranz und Unterdrückung führt. (All das ergibt sich übrigens letztendlich auch aus seiner Erkenntnistheorie!) Das Buch wird 1943 – der Zweite Weltkrieg tobt noch und sein Ergebnis ist noch offen – fertig und erscheint 1945. Bisher war Popper noch weitgehend unbekannt, doch nun erntet er ersten größeren Ruhm. Das Thema spricht wohl mehr Menschen direkt an.

1946 kehrt er nach Europa zurück – aber nicht nach Österreich; er lässt sich in England nieder. Dort wird ihm die verdiente Anerkennung zuteil. Allerdings wird seine bahnbrechende Wissenschaftstheorie immer noch nicht wahrgenommen; die englische Übersetzung seines Buches *Die Logik der Forschung* liegt noch nicht vor. 1947 wird er Professor in London. Seine Vorlesungen beginnt er, wie sein Student und späterer Kritiker Paul Feyerabend (von dem zu Beginn die Rede war) berichtet, so: »Ich bin Professor für wissenschaftliche Methode, aber ich habe ein Problem: Es gibt keine wissenschaftliche Methode. Allerdings gibt es ein paar Faustregeln, und die sind ganz nützlich.«

Erst 12 Jahre später wird endlich sein wichtigstes Werk ins Englische übertragen. *The logic of scientific discovery* erscheint 1959 – 25 Jahre nachdem er es geschrieben hatte! Jetzt erst erfährt er volle Anerkennung in der Welt der Wissenschaft – aber auch gesellschaftliche Anerkennung: 1965 wird er von der Queen in den Adelsstand erhoben. 1969 wird er emeritiert, aber der Ruhestand bedeutet für ihn natürlich keineswegs Stillstand.

Er veröffentlichte noch eine große Anzahl bedeutender Schriften (u.a. gemeinsam mit dem Nobelpreisträger und Neurophysiologen John C. Eccles *Das Ich und sein Gehirn*), und auch sein erstes Buch, das er 1933 vollendet hatte, erschien erstmals 1979.

Am 17. September 1994 starb Sir Karl Popper in Croydon bei London.

Popper liebte es, mit Leuten über seine Ideen zu diskutieren. Aber ganz gleich, wie folgerichtig seine

Argumentation auch war – es gelang ihm keineswegs, jeden von seinen Ideen zu überzeugen. Natürlich gelingt das überhaupt niemandem.

Also, könnte die Konsequenz lauten, ist Diskutieren Blödsinn. Irgendwie kann ein Philosoph damit aber auch nicht recht zufrieden sein. Ist nicht das Diskutieren ein Teil des Philosophierens? Lassen Sie uns darüber diskutieren.

Ist Diskutieren sinnvoll?

> *»Eine Diskussion ist unmöglich mit jemandem,*
> *der vorgibt, die Wahrheit nicht zu suchen,*
> *sondern schon zu besitzen.«*
> (Romain Rolland)

Ob nun in Talkshows oder auf Partys – überall (und über alles) wird diskutiert. Argumente werden gewechselt, die Stimmen erhoben und Wahrheiten verkündet. Ergebnisse dieser Diskussionen sind allerdings nur schwer zu erkennen. Woran liegt das?

Sind viele Menschen nicht in der Lage, »richtig« zu diskutieren? Was wäre »richtiges« Diskutieren? Was wären wünschenswerte Ergebnisse?
Oder führen Diskussionen aus prinzipiellen Gründen kaum zu Ergebnissen? Ist Diskutieren von vornherein sinnlos? Es gibt ja Menschen, die genau dies behaupten (und darüber eifrig diskutieren). Sind vielleicht die Menschen, die den Sinn von Diskussionen bezweifeln, diejenigen, denen keine Argumente einfallen, oder diejenigen, die sprachlich nicht mithalten können, oder diejenigen, die die Wahrheit ohnehin bereits kennen?

Schließlich kann man auch in Frage stellen, *dass* die gängigen Diskussionen zu nichts führen. Vielleicht stellt sich eher die Frage, was denn das Ergebnis einer Diskussion überhaupt sein soll. Wahrheit? Erkenntnis? Gewinnen des Disputs? Einigung? Verständnis? Oder auch nur Anregung zum Denken?

Bevor wir das weiter beleuchten und uns ansehen, inwiefern Poppers Erkenntnistheorie auf das Thema Diskutieren angewendet werden könnte, wollen wir einmal eine kleine Typologie der »Diskutierer« und »Nichtdiskutierer« versuchen. (Natürlich kann man über diese Typologie diskutieren …)

Die Nicht-Diskutierer

Der Weise:
Der Weise hat keine Angst vor Diskussionen. Er meint, etwas erkannt zu haben, weiß aber, dass er seine Gedanken nicht im Gespräch übermitteln kann – so etwas soll's ja geben: Versuchen Sie einmal, mit einem Blinden darüber zu diskutieren, weshalb Sie Rot schöner finden als Blau. Deshalb lässt der Weise das Diskutieren – was ja nicht heißen muss, dass er nichts sagt.

Der Bescheidene:
Auch der Bescheidene vermeidet das Diskutieren in
der Regel nicht, weil er Angst davor hat. Er weiß,
dass er nichts weiß, und findet keinen großen Sinn
darin, sein Nichtwissen den Mitmenschen aufzu-
drängen.

Der Pseudo-Weise:
Der Pseudo-Weise ist der gängigste Typus des
Nichtdiskutierers (während der Weise bekanntlich
der seltenste ist). Er lächelt gütig, weil das weise
wirkt; er diskutiert nicht, weil ein Weiser nun mal
nicht diskutiert. Und ihm fallen keine klugen Argumente ein. Wenn man ihn fragt, warum er denn
nicht etwas diskutieren will, bringt er den oben angeführten Grund, weshalb der Weise nicht diskutiert, an den Mann: Er weiß etwas, aber man kann
es nicht aussprechen – die anderen »sind eben noch
nicht so weit«. Der Pseudo-Weise ist schwer zu erkennen, weshalb es heute auch so viele Weise gibt.

Der Harmonie-Suchende:
Der Harmonie-Suchende würde vielleicht gern diskutieren, doch er diskutiert nicht, weil er Diskutieren als unharmonisch empfindet. Der mögliche Gewinn einer Diskussion steht in keinem Verhältnis zu
der Dissonanz, die sie hervorrufen kann. Diskutieren ist für ihn meist Streit. Er sieht auch, dass Dis-

kussionen meist Unterschiede hervorheben, statt Gemeinsamkeit zu stiften.

Der Ängstliche:
Der Ängstliche hat seine festen Anschauungen, doch er ist Realist genug zu wissen, dass sie so fest auch nicht sein können. Andererseits möchte er es auch gar nicht so genau wissen. Er diskutiert nicht, weil er Angst davor hat, dass seine Weltanschauungen ins Wanken kommen könnten.

Die Diskutierer

Der Philosoph:
Der Philosoph (also der, der die Weisheit liebt, nicht der, der sie schon gefunden hat) diskutiert, weil er die Diskussion als besten oder zumindest einen guten Weg zur Erkenntnisgewinnung ansieht. Einmal erfährt er in der Diskussion die Gedankengänge anderer und die Kraft ihrer Argumente – es ist ja gut möglich, dass der andere etwas weiß, das er nicht weiß; zum anderen versucht er in der Diskussion seine Theorien zu falsifizieren, um ihre Plausibilität festzustellen. Wenn sich seine Vorstellungen in der Diskussion nicht halten lassen, gibt er sie gerne auf.

Der Engagierte:

Der Engagierte ist überzeugt, etwas Wichtiges erkannt zu haben, und will es mit anderen teilen und sie überzeugen. Nicht aus Egoismus, sondern weil er an seine gute Sache glaubt und außerdem glaubt, allen anderen ginge es ebenfalls gut, wenn sie ihm glaubten. Je mehr Einwände gegen seine Theorien vorgebracht werden können, desto mehr ist er davon überzeugt und stürzt sich mit Eifer ins Wortgefecht.

Der Rechthaber:

Der Rechthaber möchte einfach der Beste sein; er diskutiert, um zu »gewinnen«. Nie und nimmer würde er sich in einer Diskussion überzeugen lassen; das wäre für ihn ja nicht der Sinn der Diskussion. Er diskutiert, weil es ihm intellektuelle Befriedigung verschafft, sich und den anderen zu beweisen, was er auf dem Kasten hat.

Der Harmonie-Suchende:

Der harmoniesuchende Diskutierer muss diskutieren; er hält die Dissonanz der »Meinungen« nicht aus. Er glaubt mit ganzem Herzen an die Logik und ist ein unverbesserlicher Optimist; er ist davon überzeugt, dass sich die Unterschiede der Meinungen aus unterschiedlichen Voraussetzungen oder Denkfehlern erklären lassen. Er diskutiert, weil er Übereinstimmung herbeiführen will.

Der radikaleren Version des Harmonie-Suchenden ist es hingegen völlig gleichgültig, woher die Dissonanz der Meinungen kommt; er will sie auf jeden Fall ausgleichen und ist deshalb auch gern zu Kompromissen bereit.

Der Ängstliche:
Der ängstliche Diskutierer diskutiert genau aus den Gründen, die den ängstlichen Nichtdiskutierer dazu veranlassen zu schweigen. Indem er sich an der Diskussion beteiligt, will er seine Weltanschauung stabilisieren. Meist steht am Ende der Diskussion das Wort »Toleranz« im Mittelpunkt.

Nun, wahrscheinlich wären die meisten von uns gerne Weise, doch leider … Immerhin können wir die Weisheit suchen; schließlich haben wir es uns ja vorgenommen, zu philosophieren. Betrachten wir uns also noch einmal den Diskutierertypus »Der Philosoph«.
Ist Philosophie *ohne* Diskussion oder ohne Gespräch möglich? Selbstverständlich kann man die Weisheit lieben, ohne sich in nutzlosen Diskussionen zu verzetteln. Das Gespräch mit Andersdenkenden ist aber doch zumindest eine ziemlich gute Methode, die Kraft eigener und fremder Argumente zu prüfen. Dabei kann es dem Philosophen nicht darum gehen, die eigene »Meinung« durchzusetzen

– nicht, wenn ihm an neuen Erkenntnissen gelegen ist.

Und hier kommt die Erkenntnistheorie Poppers ins Spiel. Popper hat ja gezeigt, dass nicht das *Verifizieren* (also Bestätigen) von Theorien Neues bringt, sondern das *Falsifizieren* (also Widerlegen). Bei vielen Menschen löst es etwas Befremden aus, wenn man sie auffordert, ihre eigenen Argumente zu widerlegen; schließlich hat man ja eine Anschauung deshalb, weil die Argumente, die einem zur Verfügung stehen, eben auf die eigene Anschauung zu deuten scheinen. Das klingt zwar ziemlich vernünftig, doch hat es in der Praxis einen Haken, nämlich den, an dem man seine Ansichten »aufhängt«.

Ansichten kommen ja in den allermeisten Fällen durch »Verifizieren« zustande. Eine Meinung über ein bestimmtes Thema, beispielsweise Gentechnologie, ist meist schon vorhanden, wenn man das erste Mal von einem Thema hört; nennen wir diese Meinung »Theorie A«. Alle künftigen Informationen werden anhand dieser Meinung verifiziert; Informationen, die die eigene Auffassung bestätigen, bestärken einen in seiner Meinung, entgegengesetzte Auffassungen werden in die »Theorie A« eingebaut: Die Informanten sind unglaubwürdig, ideologisch belastet oder ihrerseits falsch informiert.

Sucht man nun nicht nach bestätigenden Aussagen, sondern nach widersprechenden, werden sich schnell neue Erkenntnisse einstellen. Das heißt natürlich keinesfalls, dass dann einfach die entgegengesetzte Theorie übernommen wird. Der »Gegner« liefert Argumente, die mehr oder weniger stichhaltig sein können, aber auf jeden Fall auf Probleme und Schwachstellen von Theorie A hinweisen, Schwachstellen, die man selbst zuvor von seinem eigenen Standpunkt aus nicht erkennen konnte.

Bevor man mit anderen Menschen diskutiert, ist es meist sehr sinnvoll, zunächst einmal mit sich selbst zu diskutieren. Auch dabei bringt die poppersche Methode unglaublich viel. Vielleicht haben Sie schon einmal vor einer Diskussion Argumente für Ihre Position gesammelt und dabei einen inneren Dialog geführt, bei dem Sie versuchten, auf mögliche Angriffe zu reagieren.

Wechseln Sie doch einmal die Perspektive: Versuchen Sie aktiv, Argumente für die *Gegenposition* zu finden – und versuchen Sie nicht gleich, sie zu widerlegen. Spielen Sie den *Advocatus Diaboli*, versuchen Sie, alle Ihnen zugänglichen Argumente für die Gegenposition zu finden. Dann ist wirklich klar, wo die Stärken und Schwächen *beider* Positionen liegen – und Sie können sich nicht nur eine fundiertere Meinung bilden, sondern auch besser die Position ihres Gegners angreifen. Wahrscheinlich können Sie den Standpunkt des anderen auch besser verstehen und ihm deshalb verständnisvoller begegnen.

In einer Argumentation bringt es gar nichts, die Schwachpunkte einer Argumentation anzugreifen, denn dann werden diese Punkte fallen gelassen oder korrigiert und damit die Position gestärkt. Viel besser ist es, die stärkste Stelle einer Position ausfindig zu machen und dort anzugreifen.

Eine äußerst erfolgreiche Strategie ist es, zunächst sogar die Position des Gegners zu stützen, alle Zweifel zugunsten des Gegners auszulegen, offensichtliche Lücken zu übergehen. Wenn dann das Argument in seiner überzeugendsten Form steht und dann widerlegt wird, bleibt meist nicht mehr viel davon übrig.

Nun, wie schon Protagoras, ein Zeitgenosse des Sokrates, meinte: »Man kann über alles Pro und Kontra diskutieren – selbst darüber, ob man über alles Pro und Kontra diskutieren kann.«

Und eben das ist vielleicht »Philosophieren« …

Nachwort

Sie haben nun mit uns eine kleine Reise durch die Welt der Philosophie unternommen und dabei hoffentlich einige spannende und interessante Dinge entdeckt. Wenn Sie jetzt neugierig geworden sind und jetzt auf eigene Faust philosophische Expeditionen unternehmen möchten, dann gratulieren wir Ihnen. Sie haben offensichtlich den Philosophen in sich entdeckt!

Es gibt viele Wege ins abenteuerliche Land der Philosophie. Zum Beispiel:

- Berühmte Philosophen studieren.
- Fragen stellen.
- Meditieren.

Wenn Sie sich jetzt noch mehr für die Gedanken der berühmten Philosophen interessieren, haben Sie reichlich Material für ihre philosophischen Entdeckungsreisen. Neben den Philosophen, die wir in diesem Buch kurz behandelt haben, gibt es noch viele andere, die vielleicht ebenso interessant sind:

Seneca, Chuang Tse, Epikur, Thomas von Aquin, Descartes, Spinoza, Kierkegaard, Heidegger, Dennett, Derrida …

Die Gedankengebäude mancher Philosophen erschrecken zunächst oft durch ihre scheinbar unüberwindliche Komplexität. Aber lassen Sie sich davon nicht beeindrucken. Erstarren Sie nicht vor Ehrfurcht, sondern denken Sie beispielsweise darüber nach, dass der Gedanke des betreffenden Philosophen vielleicht dem Philosophen selbst gar nicht so klar war, wenn er ihn nicht in klare Worte fassen konnte … Machen Sie sich stets Ihre eigenen Gedanken – nur selber Denken macht wirklich Spaß!

Ein guter Einstieg in ein Philosophieren, der ganz besonders das alltägliche Leben berührt, besteht darin Fragen zu stellen. Natürlich nicht Fragen wie »Was kommt heute im Fernsehen?«, oder »Wie spät ist es?«, aber auch nicht unbedingt »philosophische Standardfragen« wie »Was ist der Mensch?«, »Gibt es Gott?«, oder »Müssen wir ein Leben nach dem Tod befürchten?«. Die besten Fragen sind die, die weitere Fragen aufwerfen und einen, kaum dass man es bemerkt, in die Philosophie hineinziehen. Beispielsweise: »Was sollte man tun, wenn man entweder seinen besten Freund oder hundert wildfremde Menschen vor dem Tod retten könnte?« Wie viele Fragen wirft das auf! Zum Beispiel: Ist es nicht unsinnig, solche hypothetischen Fragen zu stellen? Was bedeutet Freundschaft? Was ist das Leben eines Menschen wert? Ist ein Leben mehr wert als ein anderes? Für wen? Sind hundert Leben hundertmal mehr wert als eines? Oder nur zweimal mehr? Tausendmal mehr? Ist es wichtig, das Wohl des Ganzen stets im Blick zu haben? Wenn ja, wichtig für wen (oder was)?

Mit ein paar solchen Fragen, die Sie in eine gesellige Runde werfen, können Sie schnell eine öde Cocktailparty in eine interessante philosophische Runde verwandeln. (Im Übrigen eignet sich diese Methode mitunter auch hervorragend, um weiteren langweiligen Cocktailparty-Einladungen vorzubeugen …)

Hier ein paar solcher Fragen:

- Was würden Sie tun, wenn Sie nur noch eine Woche (einen Monat, ein Jahr) zu leben hätten?
- Was würde geschehen, wenn alle Menschen plötzlich ein vollkommenes Gedächtnis hätten?
- Was würden Sie tun, wenn Sie Gott wären?
- Hat Leid einen Sinn?
- Wie würde sich das (Ihr) Leben verändern, gäbe es keine Musik (Malerei, Kunst)?
- Was würden Sie tun, wenn Sie zehn Jahre (20, 30 …) in die Vergangenheit zurückreisen könnten?

- Welche Ratschläge würden Sie Ihrem früheren Selbst geben?
- Würde sich das Leben der Menschen verändern, wenn Leben auf anderen Welten entdeckt werden würde? Wenn mit anderen Intelligenzen eine Kommunikation zustande käme?
- Was geschähe, wenn ein Gerät erfunden würde, mit dem man Gedanken lesen könnte? Was wäre, wenn das Gerät auch bei Tieren funktionierte?
- Werden Computer eines Tages denken (fühlen) können? Was würde das verändern?
- Wie wäre es, den Zeitpunkt (die Art) seines Todes von Kindheit an zu kennen?
- Welche Gedanken würden gedacht werden, gäbe es überhaupt keine Gefühle?

Nun, das sind ein paar kleine Anregungen für Ihre nächste »Philosophen-Party«. Aber am besten ist es, wenn Sie sich selbst auch eigene Fragen ausdenken!

Das Nachvollziehen philosophischer Gedanken und das Fragenstellen sind sehr gute Zugänge zur Philosophie. Wir haben jedoch noch einen »Geheimgang« zur Philosophie für Sie: die Meditation. Es würde uns nicht wundern, wenn Sie sich darüber wundern.

Was hat denn Meditation mit Philosophieren zu

tun? Oder vielleicht fragen Sie auch: Was ist Meditation überhaupt?

Meditation ist nichts besonders Geheimnisvolles. Ob Sie's wissen oder nicht, Sie haben auch schon einmal meditiert. Zum Beispiel als Kind, als Sie so in ihr Spiel mit Legosteinen vertieft waren, dass Sie überhaupt nicht hörten, wie Ihre Mutter Sie rief. Oder als Sie völlig versunken einen Sonnenuntergang oder ein faszinierendes Gemälde betrachteten und darüber die Zeit vergaßen.

Meditation ist ein Zustand, in dem das Bewusstsein völlig auf eine Sache konzentriert ist und die Gedanken schweigen. Natürlich werden Sie jetzt fragen: »Ja, wenn die Gedanken schweigen, kann Meditation doch wohl kaum etwas mit Philosophie zu tun haben, oder?« Eine Philosophie der Gedankenlosigkeit?

In der Tat – da kann etwas nicht stimmen. Ohne Gedanken philosophieren, das könnte schwierig werden. Dennoch gibt es zwei Gründe, weshalb Meditation einen gar nicht mal so schlechten Zugang zur Philosophie bietet.

Zum einen hat die Stille der Gedanken den Vorteil, dass Sie danach Ihre Gedanken viel klarer wahrnehmen. Der Kontrast zwischen Gedankenstille und Denken wird größer. Und Sie machen eine neue Erfahrung, was ja immer gut für das Philosophieren ist. Zum anderen ist es so, dass nur die bewussten Gedanken schweigen. Aber selbstverständlich steht in Meditation das Gehirn nicht still. Weit davon entfernt. Unser Gehirn besteht aus zwei Hälften (Hemisphären). Die eine, in der Regel die linke, ist unter anderem für das logische, sprachliche, lineare (also entlang einer Bahn verlaufende) und bewusste Denken verantwortlich. Die andere, meist die rechte, Hemisphäre arbeitet dagegen bildhaft, emotional, parallel (also gleichzeitig auf mehreren Bahnen) und unbewusst.

In der Meditation kehrt lediglich in der linken Gehirnhälfte etwas Stille ein. Das wilde Hin und Her der Gedanken kommt ein wenig zur Ruhe. Das bewusste, sprachliche Denken tritt in den Hintergrund – das unbewusste, nicht sprachliche Denken tritt in den Vordergrund.

Wir philosophieren in Meditation nicht mehr in Worten, sondern in Bildern. Wir können tatsächlich »rechtshemisphärisch« philosophieren! Die Eindrücke, Einsichten, Erkenntnisse und Erfahrungen der Meditation bilden nicht nur eine Grundlage für späteres Philosophieren, sondern Sie können in der Meditation selbst philosophieren. Allerdings: Um darüber sprechen zu können, müssen Sie die »rechtshemisphärische Philosophie« sozusagen »übersetzen«, also in Worte kleiden. Leicht ist das nicht, wie schon Lao Tse feststellen musste, als er die Philosophie des Taoismus in Worte zu kleiden versuchte.

Wenn Sie rechtshemisphärisch philosophieren wollen, hilft es wenig, darüber zu sprechen. Sie müssen schon selbst meditieren.

Es gibt viele Formen der Meditation. Wir wollen Ihnen hier eine ganz einfache Methode vorstellen, wie Sie in Meditation kommen können. Meditation ist ja eigentlich auch etwas ganz Natürliches und Einfaches.

Probieren Sie einmal Folgendes aus. Setzen Sie sich entspannt und bequem hin und schließen Sie die Augen. Beobachten Sie eine Weile Ihren Atem. Fangen Sie dann an, die Atembewegungen »mitzudenken« – Sie atmen ein und denken »ein …«, Sie atmen aus und denken »aus …«, Sie atmen ein und denken »ein …«, Sie atmen aus und … Sie können sich schon denken, was Sie dann denken. Wir denken, dass Sie jetzt denken: »Das ist ja furchtbar langweilig!« Und Sie haben völlig Recht! Das ist langweilig, öde, fad, uninteressant und wirklich unglaublich ermüdend. Vor allem für das bewusste Denken. Wenn Sie anfangen »ein … aus … ein… aus…« zu denken, wird Ihr Bewusstsein zunächst versuchen, sich mit allerlei Gedanken dazwischen zu drängen. Wenn Sie dann aber immer wieder zum langweiligen »ein … aus …« zurückkehren, wird es Ihrem Bewusstsein irgendwann zu dumm – und es hört auf, Sie mit unwillkürlichen Gedanken zu belästigen. Es kehrt Stille ein. Sie sind in Meditation.Und

Ihr rechtes Gehirn beginnt zu philosophieren …
Welchen der drei Zugänge zur Philosophie Sie auch
wählen (vielleicht probieren Sie es ja auch mit allen
dreien gleichzeitig? Oder finden einen ganz anderen Weg?) – das Wichtigste ist, dass Ihnen der Weg
Spaß macht. Wird Ihr philosophischer Weg freud-
los, sollten Sie etwas anderes probieren. Und das ist
wirklich ernst gemeint. Philosophie, wie wir sie verstehen, ist untrennbar mit Freude, Spaß und Lust
verbunden. Oder anders gefragt: Was soll denn an
einer freudlosen Philosophie weise sein?
Philosophieren macht Spaß. Aber mehr als das.
Philosophieren kann Sie durch die dunklen Täler
des Lebens führen, Ihnen klar machen, was Sie
wirklich wollen, Ihnen zeigen, wohin Sie Ihr Weg
führt, Ihnen helfen, neue Perspektiven zu entwickeln und Krisensituationen zu meistern, Ihnen
einen neuen Lebenssinn offenbaren und Sie Ihrem
ganzen menschlichen Potenzial näher bringen.

Und das ist doch schon etwas.

Literatur

Unterhaltsames und Philosophisches

Böhmer, Otto A.: »Sternstunden der Philosophie. Schlüsselerlebnisse großer Denker von Augustinus bis Popper«. Beck. München 1996

Chang. Garma C.: »Die buddhistische Lehre von der Ganzheit des Seins«. Scherz. München 1989

Gaarder, Jostein: »Sofies Welt. Roman über die Geschichte der Philosophie«. Hanser. München 1993

Huisman, Denis: »Philosophie für Einsteiger«. Rowohlt. Reinbek 1983

Hofstadter, D.: »Gödel, Escher, Bach«. Klett-Cotta. Stuttgart 1995

Hofstadter. D./ Dennett. D.: »Einsicht ins Ich«. Klett-Cotta. Stuttgart 1995

Jaspers, Karl: »Einführung in die Philosophie«. Piper. München. 20. Aufl. 1996

Pagès, Frédéric: »Frühstück bei Sokrates. Philosophen ganz privat«. dtv. München 1997

Russell, Bertrand: »Eroberung des Glücks. Neue Wege zu einer besseren Lebensgestaltung«. Suhrkamp. Frankfurt 1977

Schwarz. Aljoscha A./Schweppe, Ronald P.: »Vom Inneren Wohlstand«. Herbig. München 1997

Schwarz, Aljoscha A./Schweppe, Ronald P.: »Die Philosophische Hausapotheke«. Herbig, München 1999

Schwarz, Aljoscha A./Schweppe, Ronald P.: »NLP-Praxisbuch«. Südwest, München 2000

Schwarz, Aljoscha A./Schweppe, Ronald P.: »Tao«. Ludwig, München 2001

Schwarz, Aljoscha A./Schweppe, Ronald P.: »Das Mandala der Liebe«. Bauer, Freiburg 2001

Störig, Hans J.: »Kleine Weltgeschichte der Philosophie«. Fischer Taschenbuch, Frankfurt 1992

Weischedel, Wilhelm: »Die philosophische Hintertreppe. 34 große Philosophen im Alltag und Denken«. Nymphenburger, München 1994

Wilhelm, Richard: »I Ging«. Diederichs, München 1996.

Standardwerke der Philosophie

Aristoteles: »Organon. In drei Bänden«. Meiner, Hamburg 1997

Buddha: »Das Hohe Lied der Wahrheit. Dhammapada«. Herder, Freiburg 1992

Feyerabend, P. K.: »Wider den Methodenzwang«. Suhrkamp, Frankfurt 1986

Hegel, G. W. F.: »Werke«. Suhrkamp, Frankfurt 1976

Kant, I.: »Kritik der reinen Vernunft«. Meiner, Hamburg 1990

Konfuzius: »Gespräche (Lun-yu)«. Reclam, Ditzingen 1998

Lao-tse: »Tao te king«. in: Schwarz, Aljoscha A./Schweppe, Ronald P.: »Tao«. Ludwig, München 2001

Nietzsche, Friedrich: »Gesammelte Werke«. Goldmann, München 1994

Platon: »Sämtliche Werke. 3 Bde«. Lambert Schneider im Bleicher Verlag, Gerlingen 1982

Popper, K. R.: »Logik der Forschung«. Mohr, Tübingen 1994

Sartre, J.-P.: »Das Sein und das Nichts. Versuch einer phänomenologischen Ontologie«. Rowohlt, Reinbek 1993

Schopenhauer, Arthur: »Werke in 5 Bdn«. Haffmanns, Zürich 1988

Wittgenstein, L.: »Tractatus logico-philosophicus/ Philosophische Untersuchungen«. Suhrkamp, Frankfurt 1963

Weitere Standardwerke

Dschuang Dsi: »Das wahre Buch vom südlichen Blütenland«. Diederichs, München 1994

Derrida, J.: »Grammatologie«. Suhrkamp, Frankfurt 1982

Descartes, René: »Meditationen über die Grundlagen der Philosophie«. Phaidon, Essen 1996

Eco, U.: »Einführung in die Semiotik«. UTB, Stuttgart 1994

Epikur: »Philosophie der Freude«. Insel, Frankfurt 1996

Heidegger, M.: »Sein und Zeit«. Niemeyer, Tübingen 1993

Kierkegaard, S.: »Werke. Gesammelte Werke. 5 Bde«. Europäische Verlagsanstalt, Hamburg 1995

Leibniz, G.W.: »Monadologie«. Insel, Frankfurt 1996

Locke, J.: »Essay über den menschlichen Verstand«. Akademie Verlag, Berlin 1997

Marx, K.: »Das Kapital«. Kröner, Stuttgart 1969

Montaigne, Michel de: »Essais«. Insel, Frankfurt 1991

Pascal, Blaise: »Gedanken. Über die Religion und einige andere Themen«. Reclam, Ditzingen 1997

Rousseau, Jean J.: »Vom Gesellschaftsvertrag Oder Grundlagen des politischen Rechts«. Insel, Frankfurt 1996

Seneca: »Vom glücklichen Leben«. Insel, Frankfurt 1992

Spinoza, Benedict de: »Ethik. Nach geometrischer Methode dargestellt«. Phaidon, Essen 1996

Homepage der Autoren:
www.schwarz-schweppe.de

*Im Herbig-Verlagsprogramm
sind außerdem erschienen:*

Schwarz, A. A./ Schweppe, R. P.

Die philosophische Hausapotheke

Rezepte und Strategien von Konfuzius bis Schopenhauer

Diese ungewöhnliche »Hausapotheke« ist kein schwer lesbares Werk der Philosophie, sondern ein praktischer Lebensratgeber, der Ihnen dabei hilft, negative Gedanken und Gefühlsmuster mit Hilfe einfacher philosophischer Ideen zu durchbrechen. Sie enthält eine Fülle wertvoller Gedanken westlicher und östlicher Philosophien und zeigt auf unterhaltsame Weise, wie diese Gedanken im Alltag umgesetzt werden können.

Herbig

Besuchen Sie uns im Internet unter www.herbig.net

Axt, Peter / Axt-Gadermann, Michaela

Vom Glück der Faulheit

Langsame leben länger
So teilen Sie Ihre Lebensenergie rich-
tig ein
Der Ausstieg aus der Fitnesshysterie

In diesem Buch erhalten Sie endlich wissenschaftlich begründete Argumente, warum es gut ist, öfter mal faul zu sein, warum zu viel Sport krank macht, warum Langschläfer länger leben, wie Sie durch Entspannung und Gelassenheit intelligenter und gesünder werden und warum ein Winterurlaub im Süden lebensverlängernd wirken kann.

Herbig

Besuchen Sie uns im Internet unter www.herbig.net